中国社会科学院城市经济学重点学科建设资助

SMART CITY

李 扬 潘家华

魏后凯 刘治彦 / 主编

智慧城市论坛

COLLECTED PAPERS OF SMART CITY FORUM

No.2

社会科学文献出版社
SOCIAL SCIENCES ACADEMIC PRESS (CHINA)

智慧城市论坛文集编委会

主编简介

李 扬 1981、1984、1989 年分别于安徽大学、复旦大学、中国人民大学获经济学学士、硕士、博士学位，1998～1999 年，美国哥伦比亚大学访问学者。中国社会科学院学部委员，国际欧亚科学院院士，国家金融与发展实验室理事长，中国社会科学院经济学部主任，第十二届全国人大代表，全国人大财经委员会委员，中国金融学会副会长，中国海洋研究会副理事长，中国社会科学院原副院长，第三任中国人民银行货币政策委员会委员。曾五次获得"孙冶方经济科学奖"著作奖和论文奖。2015 年获"中国软科学奖"，同年获首届"孙冶方金融创新奖"。研究领域为金融、宏观经济、财政。

潘家华 中国社会科学院城市发展与环境研究所所长、研究员，中国社会科学院可持续发展研究中心主任，中国社会科学院研究生院教授、博士生导师。国家气候变化专家委员会委员、国家外交政策咨询委员会委员、北京市政府专家咨询委员会委员、中国生态经济学会副会长、中国生态文明研究与促进会常务理事。国家 973 计划项目首席科学家、享受国务院特殊津贴专家、中宣部"四个一批"人才、中组部"万人计划"首批哲学社会科学领军人才。曾任 UNDP 北京代表处高级项目官员、能源与环境顾问，联合国气候变化专门委员会社会经济评估工作组（荷兰）高级经济学家。中央政治局集体学习时（2010 年）讲解"关于实现 2020 年二氧化碳减排目标的思考"。主要研究领域包括可持续发展经济学、土地与资源经济学、世界经济、能源与气候政策等。主持完成了多项国际合作、国家自然科学基金、科技支撑 973 计划、院重大、国家部委和地方省市委托研究项目，撰写和主编学术专著多部，在《科学》（2008，10；2012，6）、《自然》（2009，10）、《牛津经济政策评论》（2009，10）等国际刊物和《中国社会科学》（2002、2009）、《经济研究》（1993、2008）等国内刊物上发表中英文论文 300 余篇。

魏后凯 经济学博士，中国社会科学院农村发展研究所所长、研究员、博士生导师。历任中国社会科学院工业经济研究所研究室副主任、主任、所长助理，城市发展与环境研究所副所长。兼任中国社会科学院西部发展研究中心主任，中国区域科学协会候任理事长，中国区域经济学会、中国城市经济学会副会长，国际区域研究协会中国分会副理事长，民政部、国家民委、北京市、山西省等决策咨询委员，10 多所大学兼职教授。主要从事区域经济、产业经济、资源与环境经济研究。近年来负责主持70多项国家重大（重点）、中国社会科学院重大（重点）以及各部委和地方委托研究项目，公开出版独合著学术专著14部，主编学术著作20多部，在《中国社会科学》、《经济研究》等发表中英文学术论文400多篇，主持或参与完成的科研成果获20多项国家和省部级奖项。2001年享受国务院颁布的政府特殊津贴，所领导的"中国西部大开发战略与政策研究"课题组2010年获"国家西部大开发突出贡献集体荣誉称号"。

刘治彦 中国社会科学院城市发展与环境研究所党委委员、研究员，中国社会科学院城市信息集成与动态模拟实验室主任，中国社会科学院研究生院教授、博士生导师。长期从事城市经济学理论、方法与应用研究，负责中国社会科学院城市经济学重点学科建设。为中国城市科学研究会、中国城市经济学会等学术团体理事，中国人民大学报刊资料《区域与城市经济》编委，国家社会科学基金项目、国家软科学研究项目评审专家。近年来负责主持了40多项国家社会科学基金、中国社会科学院重大（点）、国家部委和地方政府委托以及国际合作研究项目。独撰、主编和参撰学术专著30多部，发表中英文学术论文以及撰写研究报告100多篇。主持或参与完成的科研成果获全国"五个一"工程奖、国家发改委优秀科研成果二等奖等多项奖项，有关政策建议得到决策层采纳。

领导致辞

李　扬*

尊敬的各位领导、专家，各位来宾，大家上午好！

　　今天绿色智慧城市高层论坛暨中国社会科学院城市发展与环境研究所成立 20 周年座谈会在中国社会科学院城环所举行，我感到由衷的高兴，首先对莅临会议的各位领导、专家和朋友，表示热烈的欢迎，为关心中国社会科学院城环所、中国社会科学院城市信息集成与动态模拟实验室建设的各位同事表示衷心的感谢。今天，中国社会科学院城环所走过了 20 个春秋，见证了我国城市的快速发展和所取得的辉煌成就。中国社会科学院城环所的前身是于 1994 年 7 月正式成立的中国社会科学院城市发展与环境研究中心，发展至今，城环所已经成为中国社会科学院经济学部的八个研究所之一，是跨城市与环境两大学科领域的国家级

---

* 李扬，安徽怀远人，中国社会科学院原副院长，中国社会科学院首批学部委员，国际欧亚科学院院士。

智库和学术研究机构，研究领域涉及城市经济、城市规划、城市与区域管理、土地经济与不动产、气候变化、可持续发展、环境经济与管理等，形成了相对完整的城市与环境研究学科体系。

城环所自建立以来始终立足于城市与环境经济研究，服务于我国的城市发展、环境保护和生态文明建设实践，先后组织完成了国家973计划、国家社会科学基金、国家自然科学基金、国家科技支撑计划、中国社会科学院重大课题、中国社会科学院国情调研等一系列重要科研项目，承担了中央交办的各项研究任务，为中央第19次集体学习讲座讲解控制温室气体排放目标，完成了来自国家各部委、地方政府及企业的众多委托研究项目，并广泛开展了国际合作研究。据不完全统计，城环所共计完成国内外科研项目400多项，特别是完成了大量政府委托的发展规划和建设研究项目，这些科研成果已经转化成为决策实践，产生了经济社会和环境效益，在国内外具有较大影响。

智慧城市综合体现了现代信息技术发展成果和人类创新能力，对城市经济社会发展、生态环境保护和国土空间格局优化具有深远影响，代表了城市未来发展的高级形态。当前，智慧城市建设仍处于探索阶段，对其构建体系、构造模式及模拟方法等问题，学者的观点存在很大差异。同时，由于智慧城市应用的广泛性，在数据采集与应用平台开发等领域也呈现多元发展的格局。在这种情况下，构建一个让不同观点相互碰撞的舞台显得尤为重要。为了促进智慧城市建设领域的专家相互交流，中国社会科学院城环所于2013年10月首次举办了"智慧城市建设高层论坛"，引起了强烈反响，今年的论坛已经是第二届了，论坛为智慧城市研究提供了一个开放的交流平台，对我国的智慧城市建设也具有积极的意义。

今天我们有幸邀请到了来自不同领域的专家、学者，共同探讨我国智慧城市建设和城市模拟技术的发展，我们殷切希望各位专家、学者畅所欲言，提供宝贵经验，贡献专业智慧。中国社会科学院正在落实国家"十二五"规划，积极推进社会科学重点实验室建设，2010年底，依托城市发展与环境研究所组建了城市信息集成与动态模拟实验室，该实验室是中国社会科学院首批18个重点实验室之一，智慧城市研究将是实验室重要的探索方向之一。目前城市实验室已经开展了多项有关城市信息集成与城市系统动态模拟研究工作，为我国城市健康发展和新型城镇化推进提供了有力的技术支撑。在智慧城市建设大潮中，城环所应当有所担当，发挥更大的作用。

当然，城环所及城市实验室的进一步发展离不开各位领导、专家、学者的支持，希望大家能够为城环所和城市实验室的建设与发展献计献策，共同推动其向高水平城市决策智库迈进，中国社会科学院也将以此次论坛和座谈会为新契机，进一步加强城市模拟学科的力量，加快城环所和城市实验室前进的步伐，我们相信有各位领导的高度重视，有在座各位专家、学者的大力支持，有工作人员的不懈探索创新，城环所和城市实验室将会拥有更加美好的前景。

最后预祝本次论坛取得圆满成功，祝各位领导专家、来宾身体健康，工作顺利，谢谢大家！

目　录

中国城市经济数据管理平台的构建与应用

刘治彦　丛晓男　李　健　等[*]

一　引言

21世纪是城市世纪，目前全球已有一半以上的人口居住在城市，城市正在成为人类生产生活的主要聚集空间。当前我国处在城市化的加速期，2011年城镇人口数量首次超过农村人口数量[1]，城镇化率达到51.27%，标志着我国全面进入城市经济时

---

* 参加研究的成员还有廖茂林、黄育华、尚教蔚、龙晓柏等。

刘治彦，黑龙江哈尔滨人，中国社会科学院城市发展与环境研究所研究员、博士生导师，研究方向为城市与区域经济、城市系统模拟；丛晓男，山东文登人，管理学博士，经济学博士后，中国社会科学院城市发展与环境研究所助理研究员，研究方向为城市系统模拟、城市经济。本文受到的基金支持：中国社会科学院实验室建设项目"城市信息集成与动态模拟"；国家发改委地区司招标项目"城市信息集成与动态模拟系统的构建与应用研究"（编号2013 - 47 - 45）。

代。预计 2020 年中国城镇化率将超过 60%，这意味着未来我国城镇化发展空间仍然较大。2013 年中央首次召开城镇化工作会议，将新型城镇化作为中国经济增长的重要引擎。

城市的发展对社会、经济、文化、环境等多方面均具有极其重要的影响。城镇化进程的加快、城市系统的不断扩张，引发了一系列的城市问题。例如，农业用地及林地被快速挤占，建设用地面积不断增大，交通通达性下降、居民通勤时间成本增大，收入分配不公平、收入差距加大，生态平衡被打破、环境遭受污染等"城市病"日益凸显[2,3]。这些问题的出现，表明城市人口、资源、环境和发展出现了严重的不协调，从而对城市 PRED 协调与管理提出了更高的要求[4]。由于城市系统具有高度的复杂性[5]，城市内产业、空间、环境等规划各自独立进行，很少考虑其他相关规划中涉及的因素，造成各规划工作间的不协调甚至是相互矛盾，在城市信息不完备的情况下，"多规合一"难以实施，城市研究处于"盲人摸象"水平，城市管理也是"头痛医头，脚痛医脚"，无法适应现代化城镇发展的需要。

现代信息技术的出现和信息社会的来临，使对城市系统的信息进行收集、整理、分析成为可能，特别是可以运用地理信息系统[6]（Geographical Information System，简称 GIS）对城市经济社会信息与空间信息进行有机整合，将属性数据与空间数据结合起来，对城市系统进行定量分析与模拟计算，从而推动城市研究向更高水平发展，并为城市管理与决策的科学化、高效化提供有力的技术支撑[7]。在我国人口众多、资源紧缺、环境问题严重的制约下，推进新型城镇化是我国经济发展史上的一项壮举。运用GIS 及其开发技术，构建城市经济数据库，开发城市经济数据管理平台，为城市系统模拟提供数据与平台支持，对于优化配置城市经济资源、合理布局城市体系、促进城市社会和谐与可持续发展、提高城市管理决策水平意义重大，对城市研究与城市管理都将产生重要影响。总之，中国城市经济数据管理平台的构建具有重要的理论意义与实践价值。

本文是城市信息集成与动态模拟研究的基础性课题成果，主要以构建城市经济数据管理平台为切入点，通过若干经济模型分析数据在城市经济研究中的应用，为进一步开发城市管理专家系统和城市运行模拟系统奠定基础。

二　平台架构分析

目前，关于城市社会经济的电子数据日益增多，但在实际应用中仍然存在许多欠缺，一是统计数据分散、零散，形成众多的数据孤岛，查询使用不便捷；二是现有统计年鉴格式多样，数据缺乏可比较性和可用性；三是各种数据仅限于简单罗列，数据组织缺乏城市经济意义，同时经济数据与空间维度未形成关联；四是尚未形成直观、便利、针对不同用途的城市信息数据库。为解决上述问题，本文基于 GIS 技术建立中国城市经济数据库，促进经济社会数据与空间数据的有机结合，开发中国城市数据管理平台，提高数据的可查询性及可用性。

该平台基于 MVC 开发模式（Model/ View / Control），采用 Visual Basic 和 SuperMap Objects 的二次开发方式实现。其中 SuperMap Objects 属于大型组件式 GIS 开发平台，能够支持 Java、.NET 和 COM 等多种形式进行开发，适用于快速开发专业级 C/S 结构应用系统[8]。中国城市经济数据管理平台为三层架构，自底向上分别为数据层、业务逻辑层和用户界面层，如图 1 所示。

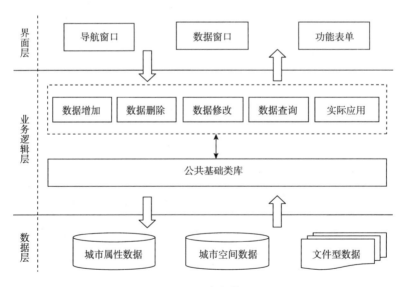

图 1　平台架构

数据层是整个平台构建的基础，分为城市经济数据、空间数据和文件型数据三类，鉴于数据层在平台中的重要性，本文在第三部分对数据库构建进行了详细分析。业务逻辑层通过公共基础类库的方式对系统功能进行封装，主要分为城市经济数据的增删改查、数据统计分析和实际问题解决三大模块，其中对城市数据的查询又可分为按属性查询和按空间查询两类，统计结果则可用统计图表和专题地图两种不同的方式显示。界面层的主要目标是实现用户与系统功能间的交互，以使用户完成数据查询与实际问题应用的关键性步骤。为此，采取经典 Windows 应用及 GIS 软件布局以简化操作步骤，界面层主要由导航窗口、数据窗口和其他功能表单组成，顶部为菜单与地图工具按钮，用户可通过工具按钮实现地图的缩放、点击查询等操作；左侧为地图图层控制器和地图鹰眼，通过图层控制器可以控制图层是否显示、控制图层的叠加次序，主地图窗口对应的空间范围会显示在左下角的鹰眼窗口中；右侧为主地图窗口，用于显示地图数据和绘制专题地图。图 2 为系统的主界面。

三　数据库构建

（一）数据库设计流程

中国城市经济数据管理平台所使用的数据库主要由两个

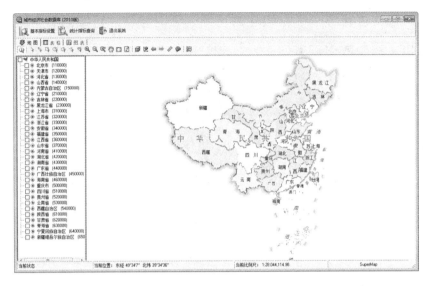

图 2 系统界面

部分组成：分别是属性数据库和空间数据库。其中属性数据库（Character scheme）放置城市经济结构、经济总量、社会发展等指标体系。空间数据库（Spatial scheme）放置矢量数据、专题地图等各项空间数据，主要采用 SuperMap 开发的文件存储格式，由于图形存储空间较大，为了检索方便，我们在数据库表中放入图的相对地址，然后按地址相对寻址找到对应图。

对于城市经济数据与空间数据的结合，地域单元主要以县级市（区、县）为单位，并从区域间（各都市密集区或经济区）、城市间（城市外部）和城市建成区（城市内部）三个层面进行整合，将城市与区域紧密地结合起来，实现对城市经济从宏观到微观的表述。但城市外部空间结构和内部空间的理论基础是不同的，外部结构主要是指以比较优势理论为基础的城市分工与贸易，而内部结构主要是以竞标地租为基础的土地利用功能分区，其相同点是都强调空间及功能的协调、互补。因此，对于区域间（各经济区间），应注重每个经济区的相对独立性和完整性；对于城市外部空间结构（都市密集区内），应注重大中小城市间的规模等级以及功能分工等；而城市内部则要注重与土地利用的紧密结合。

由于收集整理历年城市数据、建立数据库并在城市模拟中应用是一个庞大的系统工程，渐进式实施成为最佳方案，主要按以下三个阶段完成：首先，以三大都市密集地区之一的京津冀城市群为切入点，建立经济社会与空间数据库，并进行相关应用研究；其次，以全国范围内的都市密集区为单元逐步充实数据；最后，形成基于 GIS 数据库的中国城市经济社会与空间信息平台，在此基础上，开展中国城市化合理格局、中心城市发展战略与规划、城市运行监测与管理等一系列应用研究。

本文的数据库设计按图 3 所示的流程实现。第一，应该从政策实施角度识别城市发展问题中的需求以及城市模拟研究的需求，并以此作为城市经济数据库构建的出发点，即该数据应面向政府与科研的双重需求，此外，考虑到今后平台仍需要扩充和升级，数据库应具有较好的可扩展性；第二，在完成需求分析的基础上通过实体－关系（Entity-Relationship）模型，进行数据库的概念设计，明确数据库涉及的主要对象及逻辑关系；第三，基于E-R模型进行数据库逻辑设计，建立用户视图；第四，对数据库进行物理设计，根据数据库管理软件的特性进行存储安排，建立数据索引；第五，按照已经建立起来的一系列模型与视图，填充数据项及二维表，构建完整的数据库；第六，对构建完成的数据库进行滚动更新与性能维护。

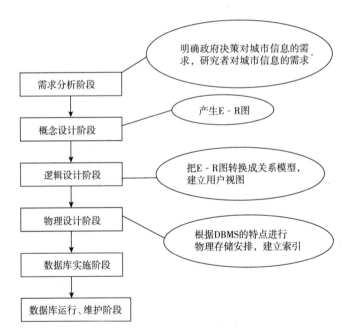

图 3　城市经济数据库的设计流程

（二）数据库设计

1. 概念结构设计

概念结构反映的是城市综合指标体系在各个区域的具体体现，在数据库中是按照属性数据库和空间数据库相结合的方法来存储执行的。按照城市经济指标不同的经济意义，可以将城市经济数据划分为三大体系，分别是经济规模、经济结构和能源环境。经济规模用于反映城市经济指标的绝对数量，主要包括生产总值、居民消费支出、政府消费支出、固定资产投资等指标；经济结构用于反映城市经济中同类指标的相对情况，对于城市产业结构优化与转型评价具有重要参考价值，主要包括产业结构、就业结构、人口结构、教育结构等 40 余个指标；能源环境用于反映城市经济发展过程中所产生的能耗、碳排放、环境污染和生态效应等指标。这三大数据体系共包含 370 个细化指标，基本完整地刻画了城市经济运行的主要属性。空间数据库采用的是 1：100 万基础地理数据，包括省、地市、县的行政区划的矢量数据以及主要河流、铁路和公路的矢量数据，数据来源为国家基础地理信息中心。

属性数据采用 Access 数据库进行保存，空间数据使用 SuperMap 文件型数据进行保存，两者通过相同的空间信息字段进行关联。属性数据与空间数据相结合的方式能够以各城市为核心，集成各类社会经济统计数据，实现对跨门类的社会经济统计数据的统一组织管理、查询分析，并提供基于 GIS 的社会经济统计数据的空间查询、可视化和空间分析功能，通过行政区划专题地图与经济数据统计图表，能够形象直观地展现城市经济数据的空间分布规律。

2. 逻辑结构设计

逻辑结构设计用以描述本数据库所包含的综合指标体系及指标间的相互关系。例如，小区绿化水平、居民对政府决策的满意程度等指标，均需要列出数据项、记录、系、文卷标识符、定义、类型、度量单位和值域，依此建立本数据库的每一幅用户视图。将原始数据进行分解、合并后重新组织成数据库逻辑结构，包括所确定的关键字和属性、记录结构和文卷结构、文卷之间的相互关系等，最后形成本数据库的数据库管理员视图。

3. 物理结构设计

在数据库管理员视图的基础上进行物理结构设计，包括：①数据在内存中予以部署，包括对索引区、缓冲区等的设计；②所使用的外存设备及外存空间的组织，包括索引区、数据块的组织与划分；③访问数据的方式、方法；④对数据库设计中涉及的各种项目，如数据项、记录、系、文卷、模式、子模式等一般要建立起数据字典，以说明它们的标识符、同义名及有关信息。

（三）数据库外部设计

1. 权限级别设计

在数据库的设计中，通过区分不同的访问者和不同的访问类型，对数据操作权限进行区别对待。出于对数据库安全保密设计的考虑，不同权限的使用者看到的是不同的数据分析情况，这样掌握在总设计师和工作人员之间的数据使用情况不同，能做出的决策也就不同。权限级别较低的用户只能按应用要求调出、展示和使用数据，不能对数据进行更改、升级，也无法查看元数据和重新定义数据格式，而权限级别较高的用户不仅可以对城市数据进行增删改查，还可以重新定义元数据和数据格式，从而有利于系统的动态更新。

2. 使用辅助指导

系统分析员为了能使用此数据库而需要了解建立标号、标识的约定等元数据。需要列出可参阅的文件资料的名称和数据格式向准备从事此数据库的生成、测试、维护人员提供专门指导。例如，将被集成进数据库的数据的格式和标准，送入数据库的操作规程和步骤，用于产生、修改、更新或使用这些数据文卷的操作指导进行清晰的罗列。此外，城市经济数据具有动态更新的特点，必须使城市经济数据库具有良好的可扩充性，可以根据实际研究需要扩展数据库的二维表和字段等，如可以在属性数据库中加入对不可再生能源使用情况分析的指标。在数据库说明书中会给出存储定位程序和用于装入、生成、修改、更新数据库的程序等，方便使用者操作。

四　平台应用领域分析

基于城市数据库管理平台的应用研究主要是运用 GIS 数据库信息交互平台，对城市经济社会发展开展有关数量分析和政策模拟。例如，城市发展实力、潜力与战略比较研究，城市运行监控研究，以及城市现代化水平比较研究等，并从国家发展战略、各城市区位优势、历史特点、资源配置、产业基础、市场发育程度和技术实力等方面，分析各城市发展的差异性成因。根据研究对象不同，平台应用研究可以分为城市经济发展实力比较分析和城市经济运行监测两类。

（一）城市经济发展实力比较分析

1. 经济总量分析

经济总量主要反映地区经济发展的规模实力，是体现地区总体经济竞争力的重要基础，主要分析指标包括城市 GDP、人均 GDP、经济增长速度等。

2. 经济结构分析

基于城市经济数据管理平台的经济结构分析包括产业发展实力分析、所有制结构分析、城乡经济结构分析和对外经济依存度分析。

（1）产业发展结构分析。①产业结构分析。主要分析城市现有产业总量的变化趋势，以及现有产业结构的发展质量，基于历史数据对未来产业结构进行预测。②工业产业实力分析。包括人均制造业增加值、制造业增加值中高新技术产品比重等关键信息，比较分析各工业部门的相对规模。③重点产业发展实力分析。识别城市产业发展相对比较优势，运用区位熵法分析特定区域产业集群的相对竞争实力以及产业区际分工程度。

（2）所有制结构分析。①公有制经济的发展实力指标分析。②民营经济的发展实力指标分析。③外资经济的发展实力指标分析。

（3）城乡经济结构分析。①城市核心区与县域经济的关联度分析。②县域经济实力的比较分析。③城乡人均收入比较分析。

（4）对外经济依存度分析。包括对进出口额指标、跨国公司数量、外商直接投资、进口国外技术成交额等指标的分析。

3. 空间结构分析

主要包括城市区域人口空间分布特征分析、区位成本优势分析和城市群区位作用力比较分析等应用。

4. 资金运用分析

一是城市财政实力分析，包括财政收入占 GDP 比例，财政盈余等指标。二是对城市金融实力进行分析，包括人均储蓄余额、贷款余额、重点商业银行的运行状况等。

5. 固定资产投资分析

对城市固定资产投资的总量、投入结构和资金来源等进行现状实力分析。

6. 物流实力分析

物流离不开运输工具，一般而言，一个地区的开放程度越高，运输体系越发达，物流的效率和承载力越高，同时反映该地区的综合经济与社会发展实力，主要指标有商贸批发、货运密度和客运密度等，其中货运密度和客运密度的公式如下所示：

货运密度 ＝（地区全社会货物周转量 － 本地区内部货运周转量）／地区运输线路总长度

客运密度 ＝（地区全社会客运周转量 － 本地区内部客运周转量）／地区运输线路总长度

7. 人力资本实力分析

基于城市经济数据管理平台，可以对人力资本实力进行如下分析。

（1）城市劳动力构成状况以及知识密集度分析。

（2）分析城市劳动力流动程度，具体指标包括劳动人口流入率和劳动人口流出率，计算方法为：

劳动人口流入率 = 流入数/本区从业人口数

劳动人口流出率 = 流出数/本区从业人口数

（3）分析城市知识创新能力。

（4）分析城市国际人力资本的流动程度，具体指标包括国际人力资本流入和流出，计算方法为：

国际人力资本流入率 = 本区工作的非本国公民数/本区从业人员总数

国际人力资本流出率 = 本区在国外工作的本国公民数/本区从业人员总数

（二）城市经济运行状态监测

1. 总体运行监测

基于中国城市经济数据管理平台的城市总体运行监测，是指通过建立城市经济运行监测的指标体系，对城市运行中的各指标进行定量分析，识别城市运行的机制和发展核心要素，找出城市发展中的问题并提出相应对策。该分析的主要内容包括城市健康指数分析、城市经济运行协调指数分析、城市经济发展潜力分析、城市经济辐射能力分析等。

2. 金融运行模拟

主要通过对金融运行的过程进行模拟，反映经济"血液"的运行情况，通过虚拟经济来监测实体经济运行。主要对金融机构、金融市场、金融环境、金融资产、金融监管等进行关联分析。

3. 房地产市场运行分析

基于城市经济数据平台的房地产市场运行分析主要通过对城市房地产价格、区位布局两个因素进行研究。房地产价格运行模拟主要选取以下数据：GDP、人均 GDP、人均可支配收入、人口总量、固定资产投资、房地产开发投资、房地产开发资金来源、土地开发面积，土地购置面积、土地价格、存量房面积、新开工面积、竣工面积、施工面积、销售面积、销售额等；区位布局分析须选取的主要指标有房地产及人口的空间分布、周边环境、交通通达性等。

4. 城市人口空间分布分析

主要通过城市之间人口密度分布及变化、城市市域人口密度空间结构、城市内部人口密度空间结构时序列变化等指标来分析城市化进程和人口迁移。

五　应用案例——北京城市增长模拟

城市数据管理平台的构建，为从事城市数量经济分析与政策模拟提供了数据保障。基于该管理平台的接口及数据，我们对北京市城市增长进行了模拟。作为一座特大型城市，北京城市系统在空间、时间、动力机制和管理特征等方面都表现出高度的复杂性，为了准确分析城市管理政策尤其是产业政策对城市增长所产生的影响，需要建立城市增长模拟模型，开展多情景分析。本文以 Lowry 模型为基础，对北京市基础性产业部门对就业需求、人口增长、居住用地和产业用地需求的作用进行了定量分析。

（一）Lowry 模型简介

Lowry 模型是最早的土地利用交通模型之一，于 1964 年提出[9]。该模型纳入了城市增长的主要变量，可以用来描述和预测城市物理结构的现状和未来的发展，为城市规划工作的开展提供决策支持，因而具有很高的理论和应用价值。

Lowry 模型的核心思想是就业决定一切，它强调就业决定人们居住区位的选择，居住区位再影响服务产业的空间分布，此规律可以形成城市人口和产业的布局形态。Lowry 模型的基本假设是：（1）系统为相对静态的区域；（2）区域是一个封闭系统，内部分为若干子区域（Zone）；（3）城市内包含三个部门，分别是基础产业部门、服务产业部门和家庭部门，基础产业部门生产的商品和服务用于满足区域外部的需求，其就业主要决定于区域外部的需求，服务产业部门主要为当地市场提供商品和服务，不向区域外输出任何商品和服务，其就业需求取决于当地对商品和服务的需求；（4）城市增长是基础部门扩张的函数；（5）基础部门的就业引发了其他两部门的增长。

图 4 为 Lowry 模型的基本计算流程，据图描述为：外生设置基础产业就业人数后，这些劳动力按照人口抚养比带来非劳动家庭人口，这些家庭人口又带来对服务产业产品和服务的需求，进而带动服务产业部门的就业人数增加，这些服务产业就业人数的增加又通过人口抚养比带来了新的非劳动家庭人口并对服务产业产生更多的需求，这样不停地迭代下去，直到剩余土地无法满足居住用地需求和产业用地需求，或者迭代达到预先设定的阈值时，迭代停止。

（二）数据来源

模拟过程中所使用的数据与参数等均来自中国城市经济数据

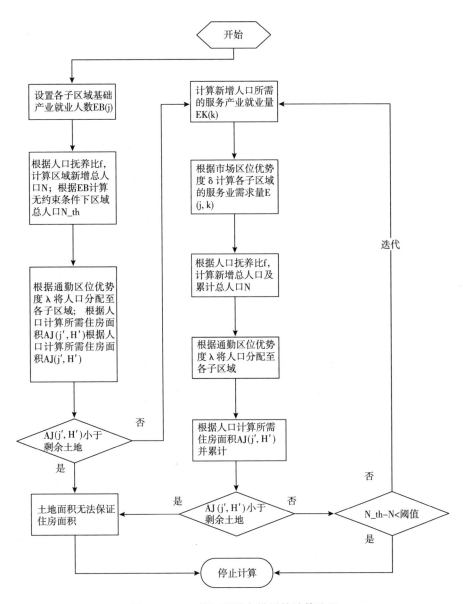

图 4 Lowry 框架下城市模型的计算流程

管理平台，通过空间查询与数据批量导出功能获得北京市相关经济数据。

1. 北京市基础产业部门选择

现实城市中的产业部门的产出既可满足区域内部需求，也可满足区域外部需求，因此严格地讲，基本没有任何一种产业能够满足 Lowry 模型的产业划分假设。但如果要基于 Lowry 模型进行城市增长模拟，首先应当确定城市的基础产业部门。基础产业部门选取的标准为：第一，产出值占地区总产出的比重较高；第二，产品大量向域外输出，即调出与出口之和在最终使用中的占比较高；第三，产业拉动作用较显著，完全消耗系数较高。根据本文开发的数据管理平台，对上述三项标准进行计算，选定的北京市基础产业部门包括：通信设备、计算机及其他电子设备制造业，信息传输、计算机服务和软件业，金融业，综合技术服务业，租赁和商务服务业，交通运输设备制造业，在 2012 年，这些产业部门贡献了北京市增加值的 56.3%，吸引了北京市就业量的 44%，因此在北京市城市增长中具有举足轻重的地位。

2. 北京市人口抚养比

人口抚养比是指 1 个劳动力所携带的非劳动力家庭人口数，这些人口数并不参与产业生产，但却对城市服务产业、交通运输和住房等产生需求，因而是城市增长模型中很重要的参数。根据城市经济数据管理平台提供的数据，1978～1994 年，北京市城镇人口抚养比不断下降，从 1978 年的 0.86 下降到 1994 年的 0.41，此后一直维持在 0.4 左右。

3. 单位人口对各服务产业的就业需求

人口所需的服务产品或服务需要由相应的就业来提供。从整体上讲，北京市每单位人口需要的服务产品需要由 0.182 个劳动力提供，从分行业角度看，单位人口对批发和零售，交通运输、仓储和邮政业，公共管理、社会保障和社会组织等服务部门的需求较大，分别需要由 0.0313，0.0268 和 0.0196 个劳动力提供。

4. 人均住房面积

北京市人均住房面积整体上呈上升态势，已经从 1992 年的 19.22 平方米上升到 2012 年的 29.26 平方米，增幅达 10 平方米。

（三）情景模拟

外生冲击对以下四类指的影响情况：第一是人口增长情况；第二是各产业就业需求变动；第三是土地需求变动，包括住宅用地需求和产业用地需求；第四是环境影响，本文指各产业部门的碳排放量。这里分两种情景对北京城市增长进行模拟分析，如下所示。情景1：发展不同的基础产业对城市增长的影响，即在相同增加值约束下，发展不同类别的基础产业所产生的影响。情景2：不同人口抚养比的影响，即设定不同的人口抚养比，分析基础就业人数增加对城市增长的影响。

1. 情景1

不同的基础产业部门，其劳动生产率存在很大的差异，因而在相同增加值的情况下，对劳动力的需求也有所不同，进而影响到城市增长过程中的其他要素。假定各类型基础性产业的增加值均为1亿元（2012年价格），则通过不同基础产业部门对城市增长的影响见表1。

表1 相同增加值情况下各基础产业对城市增长的影响

大 类	指 标	工 业	信息传输、计算机服务和软件业	金融业	租赁和商务服务业	科学研究、技术服务与地质勘查业
就 业	基础产业就业增长	561	522	201	715	645
	服务产业就业增长	189	176	68	241	218
人 口	人口增加	1042	969	373	1328	1198
用 地	住宅建筑体量（万 m²）	3.05	2.83	1.09	3.89	3.51
	产业建筑体量（万 m²）	1.50	1.39	0.54	1.91	1.73
能 耗	生活能耗（万吨标煤）	0.07	0.07	0.03	0.09	0.08
	产业能耗（万吨标煤）	1.20	0.23	0.06	0.32	0.28
碳排放	生活排放（万吨 CO_2）	0.15	0.14	0.05	0.19	0.17
	服务产业排放（万吨 CO_2）	2.56	0.49	0.12	0.68	0.60

据表 1 可知，在相同增加值情况下，金融业对人口、服务产业就业数、用地需求、能源需求和碳排放量的刺激最小。未来北京市的城市发展需要根据相应的目标选择适当的基础产业，在保持经济较快增长的前提下，如果要控制人口、限制城市空间过度扩张、减轻减排压力，则应当优先发展金融业、信息产业等，而一些劳动生产效率低、就业密集型的产业应在京津冀一体化的框架下适当外迁。

2. 情景 2

北京市常住人口和户籍人口在人口抚养比上存在较大差异，由于外来人口受户籍、社会保障、收入能力的限制，较户籍人口携带较少的非劳动家庭人口，从而使常住人口的人口抚养比明显小于户籍人口，显然这在不影响劳动力供给的前提下，很大程度上缓解了北京市的养老与人口压力。随着北京市人口老龄化的加剧，未来人口抚养比将可能不断升高，从而对北京市的人口控制、住宅需求和服务业配置等产生较大影响。另外，外地人口与本地人口在职业选择方面存在较大的差异，造成了不同产业就业人口所对应的人口抚养比也有所不同，尽管目前关于这方面的统计资料极其欠缺，但根据经验估计这种情况是存在的，不同基础产业的人口抚养比对城市增长的影响效果也不同。因此，情景 2

按照人口抚养比由 0 到 1 进行模拟，步长为 0.1，意即每个就业人口携带的非劳动家庭人口数从 0 到 1 变化时，基础产业就业扩张 10000 人所带来的影响。模拟结果表明，随着人口抚养比的增大，就业人口所承担的非劳动人口也随之增多，基础产业扩张所带来的人口增长也会越来越大。人口增长数对人口抚养比的变化非常敏感，而且人口抚养比越大，人口增大的比例就越大，如图5 所示。

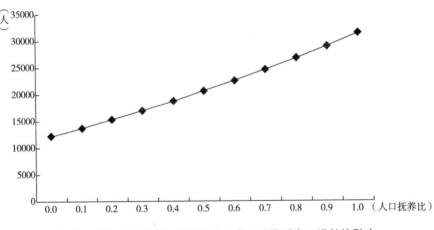

图5 不同人口抚养比设定下基础产业扩张对人口增长的影响

同样，随着人口抚养比的增大，基础产业扩张对服务产业就业需求的刺激就越明显。此外，基础产业扩张人口和服务产业都随之扩张，从而使两者的用地需求增大。据图6 可知，人口抚养比对住宅建筑体量需求增长的影响要大于对产业建筑体量需求增长的影响，这意味着在全社会具有较大人口抚养比的条件下，或者实施扩张的基础产业中就业人口对应的抚养比较大时，对住房的需求会明显增大。

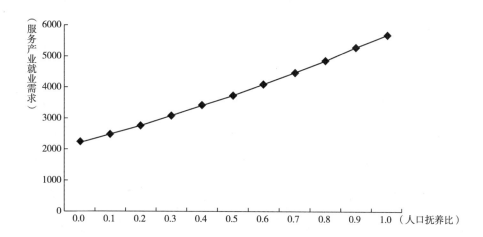

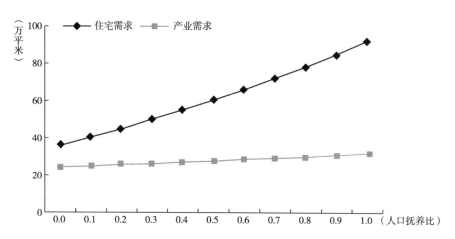

图6 不同人口抚养比设定下基础产业扩张对服务产业就业（上）和
用地需求（下）的影响

六　总结与展望

本文认为城市经济数据管理平台的建立有助于进行城市定量分析及模拟计算。主要工作包括：①选取了 370 项指标用以建立大型城市经济数据管理平台，从城市经济运行的机制出发，将指标分为经济规模、经济结构和能源环境三大体系。②介绍了中国城市经济数据管理平台的实现方法，基于 MVC 模式，采用 SuperMap Objects 组件式开发技术实现了管理平台，重点就城市经济数据库设计方法进行了探讨，提出采用空间数据与属性数据相结合的建库方式，增强了数据的可用性及可视化的友好程度；③对平台集成数据的应用领域进行了分类与列举，将应用分为城市经济发展实力分析与运行状态监测两种类型。④基于城市经济数据库和 Lowry 模型，对北京市城市增长进行了模拟，初步证明了平台的可用性。

中国城市经济数据管理平台还需要不断的完善。在以下方面，平台仍有很大的改进空间：①数据共享机制方面。当前数据管理平台的用户群仍很有限，无法为更多的城市研究者提供服务，未来可以考虑按 B/S 架构设计，采用 Web GIS 开发方式建立分布式数据管理平台。②数据类型融合方面。在城市系统研究中，尤其涉及城市资源、环境和生态问题时，需要大量的矢量数据与栅格数据，当前平台中集成的空间数据量仍显不足，未来仍需要扩充。

参考文献

［1］李浩：《城镇化率首次超过 50% 的国际现象观察——兼论中国城镇化发展现状及思考》，《城市规划学刊》2013 年第 1 期。

［2］仇保兴：《我国城镇化高速发展期面临的若干挑战》，《城市发展研究》2003 年第 6 期。

［3］覃剑：《我国城市病问题研究：源起，现状与展望》，《现代城市研究》2012 年第 5 期。

［4］周哲、熊黑钢、韩茜：《中国区域 PRED 系统研究进展》，《干旱区地理》2004 年第 2 期。

［5］侯汉坡、刘春成、孙梦水：《城市系统理论：基于复杂适应系统的认识》，《管理世界》2013 年第 5 期。

［6］陈述彭、鲁学军、周成虎：《地理信息系统导论》，科学出版社，1999。

［7］丁建伟：《城市地理信息系统及其发展：广州市城市规划自动化中心的实践》，《城市规划》1995 年第 2 期。

［8］李雪梅、李兵：《城市基础地理信息管理系统的设计与实现》，《地理空间信息》2010 年第 1 期。

［9］Lowry, I. S., A model of Location. Rand Corporation Santa Monica CA, 1964.

基于 GIS 与 RS 的北京城市空间增长及其形态演变分析

丛晓男[*]　刘治彦^{**}

一　引言

城市是地表上占据一定土地资源的地理实体，城市空间的扩张速度及形态结构对城市的正常运转有很重要的影响。城市空间的变化是一个持续性的动态过程，表现为总量和结构两个维度，前者是指城市空间边界的涨退和面积的增减，即城市空间增长，后者是指城市空间内各用地单元之间的相互关系及分布特征，即城市空间形态的演化。城市空间增长和形态演化既受城市地理环境、人口、交通、产业等多要素的发展和空间分

* 丛晓男，山东文登人，管理学博士，经济学博士后，中国社会科学院城市发展与环境研究所助理研究员，研究方向为城市系统模拟、城市经济。

** 刘治彦，黑龙江哈尔滨人，中国社会科学院城市发展与环境研究所研究员、博士生导师，研究方向为城市与区域经济、城市系统模拟。

布的影响，同时又对上述要素产生反作用。合理的城市空间增长态势和形态演化有助于优化城市功能布局、降低居民通勤成本、缓解域内交通压力、提高土地利用效率，反之，不合理的增长态势和形态演化则造成城市土地利用效率低下、交通拥堵、城市环境恶化等严重问题。《国家新型城镇化规划（2014～2020 年）》归纳了我国城镇化过程中的 6 个突出矛盾和问题，其中有两项与城市用地和空间布局有关。实际上，空间蔓延和形态不合理不仅是城市病的重要外在表现[1]，也是现代城市病的重要根源[2]，空间视角下的城市治理研究也成为城市病治理的突破口之一。

前文提及，城市空间变化与城市地理环境、人口、交通、产业等要素相互影响，协同演进。从较长的时间尺度上看，作为因变量的城市空间能够适应上述要素的变化，从而实现与各要素的自动匹配，但是，在较短的时间尺度上，城市空间变化往往受到短期、局部利益的驱使，难以做到长久和全局的最优。这意味着，城镇化的快速推进、城市规模的快速膨胀加大了城市空间蔓延和结构失衡的风险。当前，我国正处于城镇化的快速推进时期，合理控制城市增长边界、科学规划城市空间结构、不断提升城市空间形态合理性，是实现新型城镇化的重要途径，因而开展城市空间增长与形态演化研究具有重要的理论与现实意义。

本文基于地理信息系统（Geographical Information System，GIS）和遥感（Remote Sensing，RS）技术，以北京市为例开展城市空间增长与形态演化分析。北京是中国的政治中心、文化中心、对外交流中心和科技创新中心，其在全国的经济地位亦举足轻重，近10年来80%的外来流动人口能够在北京实现有效就业，体现了北京超强的人口集聚能力和城市吸纳能力[1]。然而，随着城市规模的扩张，作为超大型城市的北京在近年面临着城市空间蔓延、城市空间形态不合理等严重问题，导致农业用地及林地被快速挤占、土地利用效率低下、交通通达性下降、城市功能布局紊乱等问题十分严重，北京已成为国内"城市病"最为集中的城市之一。在此情形下，以北京为例开展城市空间增长与形态演化研究，对于从空间视角探索城市病尤其是"大城市病"的缓解途径具有重要的实践价值。

二 研究方法及数据

本文所用遥感数据来源于 Landsat 5 TM 遥感影像，共涉及 5 个时相（1991 年、1996 年、2001 年、2007 年、2011 年）的资料，所有数据的成像时间均位于 5 ~ 9 月，一是确保云量较少；二是此时段植被生长旺盛，相比秋冬季节的分类结果有更高的准确性。遥感数据的具体属性见表 1 所示。

表 1 遥感影像资料

传感器	成像日期	波段数	分辨率（米）
Landsat 5 TM	1991 年 6 月 17 日	6	30
Landsat 5 TM	1996 年 5 月 13 日	6	30
Landsat 5 TM	2001 年 8 月 31 日	6	30
Landsat 5 TM	2007 年 5 月 28 日	6	30
Landsat 5 TM	2011 年 6 月 8 日	6	30

　　研究采用 GIS 和 RS 相结合的方法。分析过程分为三个主要步骤，分别是遥感影像预处理、土地利用类型分类和分类结果分析，其中土地利用类型分类采用 ENVI 软件的监督分类法实现，将北京市土地利用类型分为建设用地、耕地、林地、水体和其他用地共 5 种，其中，其他用地包括裸露的山体及河道、矿坑等。分类结果采用 ArcGIS 软件和北京市行政区矢量图、北京市交通路线图等辅助数据进行空间分析，具体分析流程见图 1 所示。

三　用地类型变化及转变态势

　　分类结果显示，北京市土地利用类型中面积最大的是林地，其次是耕地和建成区，水体面积相对最小。1991 ～ 2011 年，北京市各土地利用类型呈现明显的动态变化，其基本趋势为：建成区面积急剧扩张，耕地面积持续下降，林地面积有所上升，水体和其他用地面积下降，见图 2 所示。

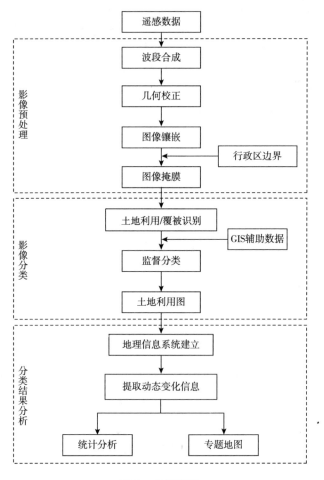

图1 分析流程

林地面积 1991 年为 7551 平方千米，1996 年增长为 7929 平方千米，2001 年林地面积有所下降，随后 2007 年上升，2011 年林地面积为 8167 平方千米，1991～2011 年林地面积共增长了 8.2%。林地在北京市各土地利用类型面积中占比最大，几乎占

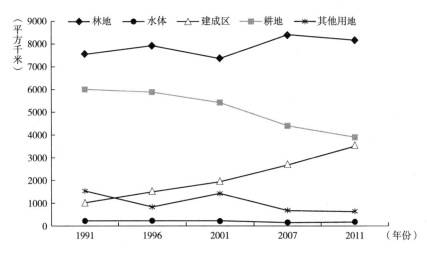

图2 北京市各土地利用类型面积变化趋势

了北京市土地总面积的一半，1991～2011年，北京市城区绿化和周边山区生态涵养水平有所提升，林地面积占比呈现波动性上升趋势，占比从1991年的46.1%上升到2011年的49.9%左右。

水体从1991～2001年，面积保持在200平方千米左右，2007年北京的降水量较多年同期平均水平下降，再加上北京市人口快速增长、用水量加大，造成水面萎缩，水体面积急剧下降，降为148平方千米，2011年略有恢复，面积为158平方千米，2011年水体面积比1991年下降了21%。

耕地面积持续下降，1991年北京市耕地面积为6034平方千米，2011年下降为3912平方千米，比1991年下降了35.2%，年均下降速度为2.14%，面积占比也持续下降，从1991年的36.9%下降到2011年的23.9%。

建成区面积呈现急剧扩张态势，1991 年北京市建成区面积为 1042 平方千米，2011 年增长为 3502 平方千米，较 1991 年增长了 2.4 倍，年均增长速度为 6.25%。与此同时，建成区面积占北京市总面积的比重也呈现快速上升态势，1991 年建成区占比为 6.4%，2011 年增长为 21.4%，与耕地面积近乎持平（见图 3）。

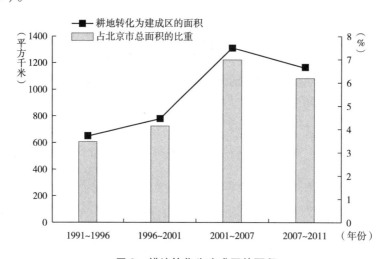

图 3　耕地转化为建成区的面积

不同用地类型之间存在着变更替代关系，且不同的时段内用地类型间的变更存在一定差异，主要表现为：1991 ~ 1996 年，林地面积增长，其主要来源于耕地和其他用地，耕地面积下降，其主要流向为林地和建成区，建成区扩张，其主要通过侵占耕地实现；1996 ~ 2001 年，林地面积下降，其主要流向为耕地和其他用地，耕地面积下降，其主要流向为建成区、林地、其他用地，建成区扩张主要来源于耕地；2001～2007年，林地面积上升，其主要来源于其他用地，耕地面积继续下降，其主要流向为建成区，建成区扩张，其主要通过侵蚀耕地获得，水体面积下降，其主要流向为耕地和林地；2007～2011年，耕地面积继续下降，其主要流向为建成区，建成区继续通过侵蚀耕地而扩张，林地、水体、其他用地变化较小。在用地类型的上述变更过程中，最明显的变更关系表现为建成区对耕地的挤占，1991～1996年、1996～2001年、2001～2007年、2007～2011年，分别有609平方千米、730平方千米、1231平方千米、1088平方千米的耕地转变为建成区，以2001～2007年为甚，总转换面积占北京市总面积的22.33%，由此可见建成区的快速增长主要通过挤占耕地的方式实现。

四 北京城市空间增长

城市空间增长是指建成区面积的增长。北京市空间增长态势极为迅速，1991年北京市建成区面积为1042平方千米，占北京市土地总面积的6.4%；1996年上升为1479平方千米，占比为9%，比1991年增长41.9%，年均增长速度为7.2%；2001年北京市建成区面积为1945平方千米，占北京市土地总面积的11.9%，比1996年增长了31.4%，年均增长速度为5.6%；

2007 年建成区面积达 2686 平方千米，占北京市土地总面积的 16.4%，比 2001 年增长了 38.2%，年均增长速度为 5.5%；2007～2011 年建成区增长速度再次提高，2011 年建成区面积为 3502 平方千米，占北京市土地总面积的 21.4%，比 2007 年增长 30.4%，年均增长速度为 6.8%（见表 2、图 4）。

表 2　北京市建成区面积变化

单位：平方千米，%

年　份	1991	1996	2001	2007	2011
面积	1042.43	1479.45	1944.95	2686.25	3502.01
占北京市土地总面积比重	6.37	9.04	11.88	16.40	21.38

图 4　北京市建成区空间增长态势

北京城市空间的快速增长，导致了严重的城市蔓延问题。本文采用蔓延指数 SI[3] 对其北京城市蔓延程度进行测度：

$$SI = \frac{(S_{t_2} - S_{t_1}) \times P_{t_1}}{(P_{t_2} - P_{t_1}) \times S_{t_1}}$$

其中，SI 为 t_1 与 t_2 时段内的城市蔓延指数，为建成区面积增速与人口增速之比，S 为建成区面积，P 为常住城镇人口数

量。如果 $SI > 1$，即建成区增速快于人口增速，则表示城市处于
蔓延状态，其 SI 值越大，蔓延程度越高。测算结果表明，在
1991～2011 年的四个时间段内，北京市 SI 指数一直高于 1，表
明城市处于蔓延状态，尤其是 1996～2001 年，SI 指数高达
2.28，蔓延程度较为严重，但同时观察到，自 2001 年后，随着
建设用地供给的趋紧和城区常住人口的快速增加，SI 指数逐渐
呈现下降态势，2007～2011 年，空间增长和人口增长的年均增
速趋于一致，SI 指数接近（见表 3）。

表 3　北京市城市蔓延指数

单位:%

时　　段	1991～1996 年	1996～2001 年	2001～2007 年	2007～2011 年
空间增长速度	7.2	5.6	5.5	6.8
人口增长速度	3.5	2.5	4.0	6.6
城市蔓延指数	2.08	2.28	1.37	1.04

（一）北京城市空间增长的区域差异

北京市全域呈现空间增长态势，但内部不同子区域的空间增
长态势却存在较大差异。本文以区县为基本空间单元，分析北京
城市空间增长的区域差异。

1991～2011 年，北京市各区县的建成区面积变化见表 4 和
图 5 所示。1991 年，北京市建成区面积最大的区县是朝阳区，
建成区面积为 151 平方千米，占当年建成区总面积的 14.5%，其

次是丰台区和海淀区，建成区面积分别是 122、118 平方千米，占当年建成区总面积的 11.7%、11.4%；至 1996 年，建成区面积最大的地区仍然是朝阳区，建成区面积增长为 195 平方千米，但是，占当年建成区总面积的比重有所下降，降为 13.2%，其次是房山区，建成区面积增长为 171 平方千米，占比为 11.5%，丰台区建成区占比与 1995 年持平，建成区面积增长为 11.2%；2001 年，大兴区建成区面积跃升为北京市建成区面积最大的地区，面积为 259 平方千米，占比为 13.7%，其次是房山区，建成区面积为 201 平方千米，占当年建成区总面积的 10.6%；2007 年，北京市建成区面积最大的地区依然是大兴区，建成区面积为 349 平方千米，占当年建成区总面积的 13%，其次是房山区，建成区面积为 325 平方千米，占建成区总面积的 12.1%；2011 年，大兴区的建成区面积依然最大，建成区面积为 464 平方千米，占当年建成区总面积的 13.2%，其次是房山区，建成区面积为 446 平方千米，占建成区总面积的 12.7%（见表 4、图 5）。

表 4　北京市各区县建成区面积变化

单位：平方千米，%

区　县	1991 年		1996 年		2001 年		2007 年		2011 年	
	面积	占比	面积	占比	面积	占比	面积	占比	面积	占比
怀　柔	31.47	3.02	39.08	2.64	62.02	3.28	79.58	2.96	183.50	5.24
密　云	43.61	4.19	52.61	3.56	99.17	5.24	112.13	4.17	210.83	6.02
延　庆	37.70	3.62	80.54	5.44	74.86	3.95	120.94	4.50	143.35	4.09

续表

区　县	1991 年		1996 年		2001 年		2007 年		2011 年	
	面积	占比	面积	占比	面积	占比	面积	占比	面积	占比
昌　平	62.58	6.01	108.53	7.34	115.39	6.10	183.31	6.82	312.68	8.93
平　谷	34.25	3.29	45.38	3.07	88.84	4.69	103.08	3.84	127.20	3.63
顺　义	58.17	5.58	92.07	6.22	134.95	7.12	254.80	9.49	320.75	9.16
门头沟	24.28	2.33	37.83	2.56	38.91	2.06	51.29	1.91	73.67	2.10
海　淀	118.37	11.36	137.99	9.33	156.10	8.25	183.42	6.83	217.39	6.21
朝　阳	150.52	14.45	195.46	13.21	236.81	9.77	303.67	11.30	325.40	9.29
通　州	81.24	7.80	104.95	7.09	168.59	8.91	294.12	10.95	326.59	9.33
石景山	34.79	3.34	45.12	3.05	45.70	2.41	47.81	1.78	53.96	1.54
东　城	38.71	3.72	36.74	2.48	39.75	2.10	35.49	1.32	38.63	1.10
西　城	45.37	4.36	43.43	2.94	45.86	2.42	43.08	1.60	45.63	1.30
房　山	96.38	9.25	170.77	11.54	201.10	10.63	325.01	12.10	445.77	12.73
丰　台	121.85	11.70	166.01	11.22	178.35	9.41	199.52	7.43	212.80	6.08
大　兴	62.34	5.99	122.93	8.31	258.57	13.66	348.96	12.99	463.64	13.24

注：表中比重是指该地区建成区面积占当年北京市建成区总面积的比重。

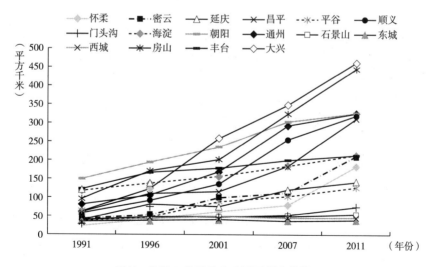

图 5　北京市各区县建成区面积变化情况

从增长速度上看，1991～2011 年北京市各区县建成区年均增长速度见图 6 所示，其中，建成区年均增长速度最快的地区是大兴区，年均增长速度为 10.6%，其次是怀柔区，建成区年均增长速度为 9.2%，再次是顺义区、昌平区、密云县、房山区、通州区、延庆县等。另外，东城区和西城区的建成区面积比重早已达到 90% 以上，因此建成区面积增速很小。

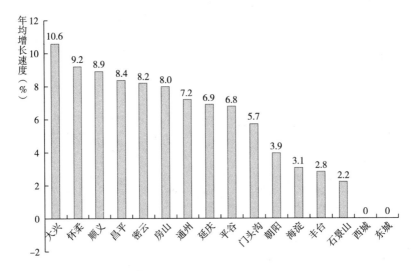

图 6　北京市各区县建成区年均增长速度（1991～2011 年）

从建成区面积占比来看，可分为 5 个等级，大兴区和房山区的建成区面积最大，占建成区总面积的 13% 左右；其次是通州、朝阳、顺义、昌平等地，其建成区面积比重为 9% 左右；海淀、丰台、密云等地区建成区面积占比为 6% 左右；怀柔、延庆、平谷等郊区的建成区面积较少，比重为 4%～5%；门头沟、石景山、西城、东城等地区建成区面积比重较低。另外，从图7中可以看出，大兴、房山、通州、朝阳、顺义5个地区的建成区比重累计超过了北京市建成区总面积的一半以上。

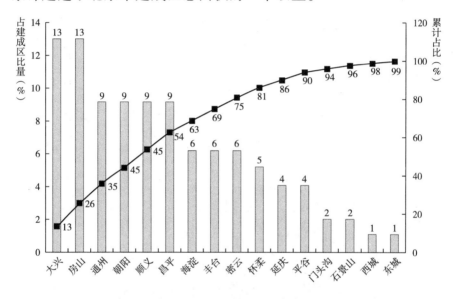

图7 2011年北京市各区县建成区比重的帕累托

（二）空间增长的模式

北京市空间增长模式主要分为三类，分别是城区边缘增长、沿交通沿线增长和新兴建成区增长，空间增长的基本动力由三者混合形成，且在不同的时间段内，其主导增长模式也有所不同。1991～1996年的5年间，建成区扩张方式以城区边缘增长为主，1996～2001年的5年间，随着城市公共交通线路的延展，城市空

间增长以沿交通线增长与城区边缘增长方式同时并存，2001～
2007年的6年间，建成区扩张方式是沿交通线增长、城区边缘增
长、新兴建成区增长（通州新城）等方式混合共存，2007～2011
年的4年间，建成区扩张方式以新兴建成区增长和沿交通线增长为
主，亦庄、顺义新城、昌平新城等在此期间快速形成。整体而言，
1991～2011年，北京市中心连片城区的范围几乎是以同心圆式扩张，
1991年北京市连片城区范围集中于西城、东城、海淀、朝阳、丰台5
个地区，到了2011年，除以上5个地区之外，北京市连片城区范围
几乎覆盖石景山区、房山区、大兴区、通州区、昌平区等地，原主
城区与昌平新城、顺义新城、通州新城、亦庄—大兴新城、房山新
城、门头沟新城等地几乎连接成片（见图8）。

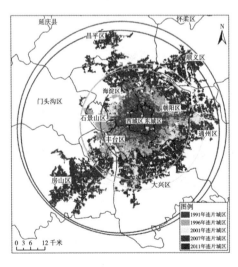

图8 北京市中心连片城区（最大斑块）
扩张的叠加比对（1991～2011年）

五 城市空间形态演化

城市空间形态即城市景观的空间结构特征，本文采用三类指数分析北京市空间形态演化，分别是外围轮廓紧凑度、最大斑块指数和景观分离度。

（一）外围轮廓紧凑度

外围轮廓紧凑度（Compactness Ratio）是反映城市空间形态的重要指标，紧凑度越大，形状越有紧凑性，反之，紧凑性越差[4,5]，圆形是形状最紧凑的图形，其紧凑度为1。集中紧凑不仅可以节约城市用地，缩短各类工程管线和交通线路的长度，节约城市基础设施投资，而且能够降低居民通勤时间成本，缓解城市交通压力。De Roo（2000）提出的紧凑度计算公式[5]为：

$$c = 2\sqrt{\pi A / P}$$

式中，$0 < c \leqslant 1$ 指城市外围轮廓紧凑度，A 指城市面积，P 指城市轮廓周长。据此计算的北京市主要年份的轮廓紧凑度见图9所示：1991~2011 年，北京市中心城区外围轮廓紧凑度远小于1，且从1991年以来，北京市中心城区外围轮廓紧凑度呈现逐渐下降趋势，从1991年的0.12左右下降到2007年的0.06左右，虽然2011年有所上升，但幅度很小。北京市城市外围轮廓紧凑度越小，表

明城市各部分之间的联系距离越大，城区形态发展越来越松散，城市基础设施和已开发土地的利用效率将会降低，居民通勤时间增长，从而加大能源消耗和大气污染物的排放。根据孟斌等（2010）的研究，北京市区居民的通勤时间从 2005 年的 38 分钟增加到 2010 年的 43.6 分钟，通勤时间明显加长[6]。

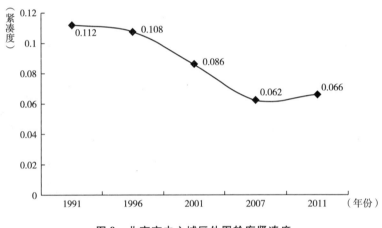

图9 北京市中心城区外围轮廓紧凑度

（二）最大斑块指数

最大斑块指数（Largest Patch Index）是指景观中最大斑块的面积占总面积的百分比[7]，其计算公式为：

$$LPI = \frac{\max_i(a_i)}{A}$$

式中，$0 < LPI < 1$ 为最大斑块指数，a_i 为斑块 i 的面积，$A =$

$\sum_j a_j$ 为建成区总面积。图10反映了北京市建成区最大斑块指数变化情况，据图可知，1991～2011年，北京市建成区最大斑块指数整体呈现上升趋势，从1991年的0.32左右上升到2011年的0.49左右，北京市建成区的最大斑块可视为北京市中心连片城区（见图8）。由于北京市建成区的扩张基本表现为以主城区和各区县为中心的蔓延式扩展方式，随着建成区面积不断扩大，主城区与区县城区连接成片，相互之间的界限逐渐模糊，在空间结构上形成了一个更大规模的单中心格局，显然这种态势不利于北京由单中心城市向多中心城市的转变。

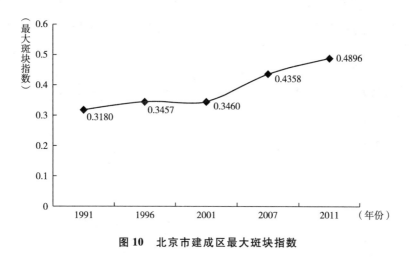

图10　北京市建成区最大斑块指数

（三）景观分离度

景观分离度（Landscape Division）是指某一景观中不同斑块

个体空间分布的离散程度，最早由 Pearce 提出[8]，计算公式为：

$$N = \frac{D}{S}$$

式中，N 为景观的分离度指数，D 是景观的距离指数，$D = 0.5 \times \left(\frac{n}{A}\right)^{0.5}$，$n$ 为景观类型斑块数，A 为研究区总面积，S 是景观的面积指数，$S = \frac{A_i}{A}$，A_i 为景观 i 的面积。分离度指数用来分析景观要素的空间分布特征，分离度越大，表示斑块越离散，斑块之间距离越大。北京市建成区景观分离度演变态势见图 11 所示，北京市建成区景观分离度呈现持续下降趋势，分离度从 1991 年的 13.77 下降到 2011 年的 6.51，表明其建成区景观斑块越来越聚集，不同斑块之间的距离越来越小。分离度指数下降的原因是建成区之间的破碎地块逐渐被填充，使原本分散的地块逐渐连接成片。

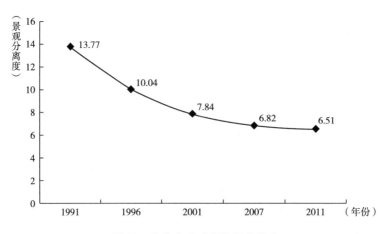

图 11　北京市建成区景观分离度

六 结论与对策

（一）结论与问题

本文基于北京市 1991 年、1996 年、2001 年、2007 年和 2011 年多年的 Landsat 5 TM 遥感影像，通过监督分类方法对北京市土地利用类型进行了提取和分析，研究了北京市空间增长态势及成因、空间形态演化。研究得出以下结论。（1）北京市各土地利用类型中，林地占比最大，耕地占比次于林地，建成区占比再次之。（2）北京市各土地利用类型处于动态变化之中，典型特征为建成区面积快速上升，林地面积小幅增长，耕地面积快速下降，耕地面积的下降在早期表现为以耕地向林地的转化为主、向建成区转化为辅的特点，但 1996 年之后，耕地面积的减少主要表现为向建成区的转化。（3）北京市建成区迅速膨胀，占土地总面积的比重不断增大，年均增长速度为 6.2%，至 2011 年，建成区规模超过 3500 平方千米，占北京市土地总面积比重为 21.38%，整体上快于常住人口增长速度。按照区县来看，建成区的消长发生重要变化，1991 年，建成区面积较大的区县包括朝阳、丰台、海淀，至 2011 年，大兴、房山、通州的建成区面积居前三。（4）从建成区的空间增长模式上看，沿城区边缘增长、沿交通线增长和新兴建成区式增长是三种主要的增长模式，且在不同的时间主导模式也有所差异。（5）北京市中心城区外围轮廓紧凑度远小于1，且整体呈现逐渐下降趋势，表明北京市城区形态发展越来越松散；北京市建成区最大斑块指数整体呈现上升趋势，这与北京建设多中心城市的愿景相违背；北京市建成区景观分离度呈现逐年持续下降趋势，表明其建成区斑块越来越聚集，斑块之间的距离越来越小，原本分散的城区、城镇逐渐连接成片。

在北京市城市建设、社会经济快速发展的背景下，隐含着一些较为突出的城市问题，以城市空间蔓延、空间形态恶化为甚。整体上看，北京市以沿中心城区周边扩展、沿交通廊道扩展、通过开发区建设呈现"飞地式"扩展等为主要蔓延方式，逐步形成"摊大饼"外延发展的局面，给城市发展带来严重的负面影响。第一，城市建设土地利用效率较低。按照约定俗成的标准，当人口增长速度低于建成区空间增长速度时，城市建设土地利用被认为是低效率的。1991～2011年的20年间，北京市建成区面积增长了2.4倍，年均增长6.2%，而同期北京市常住人口年均增速仅为3.2%，明显低于城市空间增长速度，表明北京市土地利用效率较低，城市空间增长呈蔓延状。第二，北京市建成区的无序增长是以挤占耕地为代价的。1991～2011年，建成区面积增长迅速，占比由1991年的6.37%上升到2011年的21.38%，但同时，耕地面积则持续下降，占比从 1991 年的 36% 下降到 2011 年的 24% 左右。可见，北京市城市蔓延是以牺牲耕地为代价的。在耕地转换为建成区的过程中，伴随着大量的社会与经济难题，例如，如何保证农民的权益，如何保护和传承快速消失的乡村文化等。第三，北京市中心城区空间结构不尽合理，缺乏良好的规划控制。北京市中心城区外围轮廓紧凑度远小于 1，且从 1991 年以来，北京市中心城区外围轮廓紧凑度呈现逐渐下降趋势，这表明北京市中心城区各空间之间的联系距离增大，这必然会导致城市基础设施和已开发土地的利用效率降低，导致居民对汽车形成更高的依赖度，从而加大能源消耗和大气污染物的排放。第四，北京市内部城镇体系结构不合理。北京市内部城镇体系，是指北京市中心城区与各副中心之间相互作用形成的城市集合。北京市内部城镇体系结构的不合理表现在，中心城区面积占总建成区面积的比重（最大斑块指数）不断增大，中心城区沿外缘扩张的态势十分明显，南部区县如房山、大兴的建成区基本与主城区形成连片，且城市功能较为单一，很难培育为相对独立的副中心，北部区县的建成区扩展在空间上与中心城区相对分离，仍有培育为副中心的潜力。

（二）政策建议

城市增长过程中出现空间蔓延和空间形态恶化等一系列严重

问题，在包括北京在内的我国城市都普遍存在，为此本文提出如下相关对策。第一，转变以 GDP 为政绩标准的经济增长模式，着眼于城市发展的质量。在土地开发方面，积极推动农村土地经营权流转，体现农村集体土地使用的市场价格，抑制地方政府突破规划限制下的超常规地征地卖地，要从源头上减少其征地、卖地的动力。第二，除对城市增长进行科学规划之外，还应加强规划的执行力度。主体功能区中的生态涵养发展区属于限制、禁止开发区域，但从历史发展情况来看，北京市生态涵养区中的建成区面积一直保持较快增长，要解决保护生态环境与经济发展之间的矛盾，需要建立生态保护红线制度和生态建设利益补偿机制，对生态涵养区内建成区扩张给予适度控制。第三，通过多种措施探索北京建设多中心城市的途径。要限制中心城区沿边缘蔓延，从空间扩展现状看，房山、通州、大兴已经与中心城区连接成片，未来要控制中心城区继续向北蔓延，昌平、顺义等区县的城区将是北京市形成多中心城市的基础，应考虑在中心城区与区县城区间构建绿化隔离带以阻止蔓延、明确相互之间的边界。第四，促进开发区尤其是远郊开发区建设与发展，开发区的设立应当从产业结构与空间选址两方面加以重视。产业结构方面，以高新技术产业、现代服务业和生产性服务业为先导，积极完善开发区内及周边的配套服务产业，采用混合高强度土地利用和开发模式，使之逐渐形成多功能一体化的、相对独立与完善的城市空间，降低劳动力的通勤成本与服务采购成本。空间选址方面，应适度保持开发区与中心城区间的距离，避免两者形成连片式扩张，从而提高土地开发效率。第五，限制小汽车快速增长，大力发展公共交通。首先，继续通过机动车指标控制等措施限制机动车保有量，适时考虑在重点地段征收城市交通拥堵税；其次，需要增大对轨道交通等的投资力度，有效利用城市地下空间，完善城市公共交通网络；另外，按出行距离适当提高公共交通费用，其目的在于通过"时间"与"经济"双重成本的约束，从根本上降低城市蔓延的微观动力。

参考文献

［1］宋梅：《北京城市综合治理体系研究》，《城市发展研究》2015 年第 2 期。

［2］王宁：《特大城市空间结构缺陷与"城市病"治理》，《区域经济评论》2015 年第 1 期。

［3］王家庭、张俊韬：《我国城市蔓延测度：基于 35 个大中城市面板数据的实证研究》，《经济学家》2010 年第 10 期。

［4］Batty，M.，"Exploring Isovist Fields：Space and Shape in Architectural and Urban Morphology"，*Environment and Planning B*，2001，28（1）：123 – 150.

［5］De Roo，G.，"Environmental Conflicts in Compact Cities：Complexity，Decision-making，and Policy Approaches"，*Environment and Planning B*，2000，27（1）：151 – 162.

［6］ 孟斌、郑丽敏、于慧丽：《北京城市居民通勤时间变化及影响因素》，《地理科学进展》2011 年第 10 期。

［7］ Herold, M., Goldstein, N. C., Clarke, K. C., "The Spatiotemporal Form of Urban Growth: Measurement, Analysis and Modeling", *Remote sensing of Environment*, 2003, 86 (3): 286 – 302.

［8］ Pearce, C. M., "Pattern Analysis of Forest Cover in Southwestern Ontario", *The east lakes geographer*, 1992, 27: 65 – 76.

发挥政府和市场合力，
推进高水平智慧城市建设

韩建国*

经过几年的探索和实践，华录已为 20 多个城市提供了智慧城市解决方案，为 200 多个城市提供了智能交通等方面的智慧服务，积累了一定的经验，其中重要的一点就是发挥政府和市场合力，简而言之，就是政府做城，企业做市，政府和企业通过共同设计、共同建设、共同运营、共同创新，使智慧城市建设实现又好又快的健康发展。

一　共同设计

据有关专家评估，信息化可以解决城市发展过程中约 25%

* 韩建国，河北人，中国华录集团有限公司董事、副总经理、党委委员。

的问题，而余下 75% 的问题则需要通过系统的顶层设计解决。智慧城市是政府在城市管理理念和模式上的改革，是一个有起点没有终点的长期持续的系统工程。只有做好顶层设计，才能推进系统工程。做好顶层设计，需要政府和企业共同参与，厘清政府和企业的关系，明确政府和企业在智慧城市建设中扮演的角色和分工，搞清楚哪些是政府必须做的，哪些是企业可以做的，哪些要靠新的力量来推动。双方进行协同合作，政府负责规划、设计、主导、牵引，企业负责在市场、技术驱动下进行推进，充分调动双方的积极性和发挥作用。

一个好的顶层设计，应该做到"四有"：有远见、有品质、有活力和有文化。

第一是有远见。智慧城市建设的主体是城市，智慧是手段，核心是人，智慧城市建设的起点和归宿是以人为核心，为人服务，为了人的解放、人的发展、人的自由，目的在于实现衣、食、住、行、用能够更便利、更有品质，实现德、智、体、美、劳全面发展。

按照这样的要求，顶层设计需要有远见，要采用先进的理念和智慧的工具，把整个城市作为巨型绿色生态系统进行规划设计，运用生态思维，融合创新思维、互联网思维，实现自然生态、经济生态、社会生态、人文生态和政治生态"五位一体"协同发展。采用先进思路和先进理念，把智慧城市建设部署考虑得全面周到一些，做好有远见的顶层设计，才能够实现一张蓝图画到底的目标。

第二是有品质。"美丽中国"的重要支撑之一应是"品质中国"。经济社会经过粗放发展之后，要调整结构，转变发展方式，其中很重要的一点就是要更加讲求品质，提升发展质量，向品质要效益，向品质要发展。品质不仅是产品的生命，也是经济社会的生命。所谓"质量"包括产品质量、工程质量、经济社会发展的质量、城市社会管理体系和能力的质量、人们工作学习生活的质量、城市的人文素质和环境质量，这些都应该在智慧城市建设中得到体现和提升。同时，按照质量管理 PDCA 循环理论，第一次就把事情做好，第一粒扣子就要扣对，应控制过程、永续改善。

第三是有活力。智慧城市建设应当成为一场政府引导，企业和市民共同参与的、有积极性的"人民战争"。通过政府和企业的协同，政府负责顶层设计规划指引，释放市场资源，创造经济环境，企业及社会资源投入建设和管理运营，广大市民积极参与应用，实现共建、共享、共生、共赢的格局。智慧城市建设和可持续发展是一项长期的系统工程，不是一锤子买卖，不仅要重高品质建设，更要重高品质运营。政府和企业要兼用互联网思维、跨界思维和系统思维创新应用和运营，拓展城市发展平台的时空效应，惠及企业和大众，激发企业和市民投身智慧城市建设和创新的热情。

第四是有文化。文化是城市的灵魂,是城市的精气神。智慧城市建设要做到一城一策,就要从城市文化当中寻找智慧和灵魂,将特有的历史文化资源萃取凝练出来,融入智慧城市建设当中,体现城市独有的个性和特征,做好既有传承又有发展的文化大文章。大到城市建筑风貌,小到商铺招牌,城市建设都不能忘了文化。

二 共同建设

政府和企业协同是建好智慧城市的充分必要条件。

第一,政府内部各部门的协调是前提。在智慧城市建设过程当中,有的城市没有认真规划设计,盲目上马项目;有的城市职能部门各自为政,重复建设现象严重,出现"信息孤岛",资源难以共享,浪费了巨大的人力、物力、财力。实现跨部门、跨行业信息共享应用,有两个案例值得借鉴和参考。第一个案例是伦敦,为了营造良好的公共环境,政府专门搭建了一个信息平台,任何人如果发现公共环境中存在垃圾,便可将照片发到这一专门的平台上,政府会派人及时清理,该项目思路与技术都很简单,但实施效果很好,整个伦敦的垃圾处理变得非常快捷有效;第二个案例是美国迈阿密的"311"非紧急热线服务电话,作为

"911"紧急电话的"助手"，该热线由专业受训的警察负责接听和受理，在城市建设中起到了重要的作用。这两个案例成功的关键在于部门协同和业务整合的实现。

第二，企业内部协同是保障。城市建设涵盖城市生活的各个方面，业务范围广、技术要求高，对参与智慧城市建设的企业提出了极高的要求。因此，参与智慧城市建设的企业尤其是总包企业，必须能够快速整合内部资源。为此，华录成立了智慧城市产业发展研究中心，为集团内部成员单位搭建协力平台，形成高效协同的推进合力。基于对政府职能的深刻认识，借鉴国内众多成功经验，对智慧城市建设理念、建设模式、融资渠道、运营方式、维保模式以及关键技术环节进行深入研究探索，形成以"1+4+20"（一个大数据中心、四大应用系统、二十余项建设运营工程）为核心构架和内容的智慧城市全面解决方案，受到市场广泛好评，对国内智慧城市建设起到了应有的技术支撑作用。

第三，政府与企业协同是根本途径。城市发展中政府扮演的最显著的角色是引导者和规划者，企业则作为关键的集成商和经营商存在，智慧城市建设需要走出一条政企合作高效发展之路。企业应肩负经济、政治和社会三大责任，积极塑造品牌影响力、资源凝聚力和人才号召力，在信息、资金、技术、人才、团队等方面为智慧城市建设提供可靠保障。在实践中，华录致力于发挥中央企业的中枢桥梁与纽带作用，将优惠政策、试点创建、产业资金和资源整合在一起以及地方成功案例、实践经验、创新模式向全国推广,当好各级政府的坚强合作伙伴。

第四,企业与企业之间的协同是强大动力。智慧城市是一项复杂且庞大的系统工程,没有任何一个企业能够包打天下。只有智慧城市产业链上各企业实现良好的协同合作,才能保证建设运营的良性发展。在建设运营模式方面,企业需要将现代服务业和信息产业融合,共建运营服务产业联盟,分享成熟的商业模式,这样才能为智慧城市建设提供有力保障。

三　共同运营

只重建设不重运营,必然造成政府投入的无底洞。过分强调建设,忽视运营,一味购买设备、建设机房、建云中心、铺宽带网、开发房地产,场面很热烈,后果令人担忧。尤其是智慧化运营系统,技术含量高、集成度高、运行费用高、维护复杂度高,需要专门的技术人才提供专业化的运维服务和持续稳定的资金投入,否则将难以为继。我们认为,智慧城市应"一分建设,九分运营",这个观点得到了相关部委和很多地方政府的认可和肯定。一是在参与智慧城市建设中,要始终紧紧把握政府社会管理创新的需求,带着理念、带着技术、带着资金、带着服务,全面参与配合地方政府智慧城市规划、设计与运营,承担好智慧城市的先期建设和后期运营工作，解决政府缺人才、缺技术、缺资金的问题。二是要让企业有利可图，以保证良性运营。企业参与智慧城市建设是要盈利的，政府要给政策，给资源，企业才能获得利润，才能保证智慧城市的良性运转。譬如智能交通项目中智慧停车管理的特许经营，智慧教育、智慧医疗、智慧养老等公益性项目的政府购买服务，本来是政府做的公共事业，但受多种因素影响，投入大、产出小，应交由更有专业水平的企业来做，政府向企业购买服务，分期付款，采取融资租赁方式向企业支付款项，省钱、省力，也更专业。三是对于营利性项目，企业可以自行投资、自行招商、自行维护，为群众提供更加便捷的服务。华录推出的"一、百、万、百万"运营模式，即"构建一个城市运营管理服务平台，联合百家以上合作伙伴提供专业服务，实现一万人创业就业，服务百万以上市民的模式"，得到了政府和合作伙伴的一致欢迎。

四 共同创新

事实证明，没有哪个产业、哪个模式是长盛不衰的，所以智慧城市的发展也一定是政府和企业共同创新的过程。

首先是机制和体制创新。与数字城市相比，智慧城市更加强调从行业分割和相对封闭的架构迈向开放、整合、协同的城市架构，更强调通过政府、市场、社会各方力量的参与与协同，实现城市的共同价值。

智慧城市建设不能仅着眼于当前和今后一个时期。作为我国新型城镇化的重要推动力量，智慧城市建设是技术创新与自主创新协同推进城市发展的重要战略举措，是推动地方政府行政体制改革，加快政府职能转型，进一步推动经济体制改革，实现战略转型的坚实基础。由此看来，智慧城市建设不仅需要投入大量资源以推动技术创新与应用，更为重要的是深化改革，营造良好的城市创新环境，推动城市信息化建设，推动体制机制创新，理顺政府和市场的关系，更好地发挥市场的作用，形成政府主导，市场主导，企业和公众作为参与主体的智慧城市建设模式。技术创新发展和转型的要求，决定了深化体制、机制改革创新将成为进一步推动智慧城市建设的重点。

其次是商业模式创新。当前智慧城市建设普遍存在的突出问题，是没有找到好的可持续发展的模式，往往变成政绩工程，项目建设投入了大量资金，但是企业与居民并没有得到优质服务。好的商业模式可以实现自身循环和完善，使智慧城市建设和运营具有造血机制和持续发展能力。为确保智慧城市可持续发展，一是要大力倡导社会各界广泛参与，包括政府、企业还有城市居民都要参与进来，政府主导领域是基础设施建设，应用服务则需要民间资本和民间企业有效介入，一起努力共同创新，探索共赢的智慧城市运营模式。二是要顺应技术发展趋势，大量采用云计算、大数据、移动互联网最新技术成果，拓宽城市发展、产业发展、企业发展、大众发展网络空间，向政府、行业、企业和大众提供线上线下全方位服务，结合城市自身特点和实际发展情况，满足各种多样性个性化的商业要求。

最后是管理服务创新。促进社会管理创新，要从原来的管理型理念转变为服务型理念。基于信息技术的社会管理创新将在实现服务均等性、非实体性、集成化三个主要方面提升社会管理效率和品质。第一，服务均等性。现在的层级制是一个金字塔结构，纵向层次多、审批链条长、协商成本高，事情办起来困难低效。信息技术和智慧城市通过网络化平台建设，可以实现扁平高效的事务处理模式，提高服务的均等化水平，是实现政府社会管理改革创新的利器。第二，非实体性。虚拟化、非实体化管理服务解决了现有办事大厅、服务中心不能上门服务的弊端。足不出户的便利、时间成本的降低、轻松办事的体验，都将增强居民对政府服务的满意度和愉悦感。第三，集成化。通过集成化、信息共享、数据挖掘、平台协动，可以有效解决政府原有条块分割管理带来的管理沟通和协调问题。依托信息技术和智慧城市建设，社会管理创新仍有更多需要思考的问题，有更多可改变、可创新的课题。

点评一

陈宣庆[*]

  各位领导、各位专家，很高兴参加这次论坛，首先祝贺中国社会科学院城环所成立 20 周年。城环所成立 20 年来，在我们国家的城市发展建设工作的研究方面做了大量的工作，拥有一大批高水平研究成果，同时也培养了一大批人才。关于智慧城市，城环所高度重视，已经连续搞了几届高峰论坛，在这个论坛上，很多专家都发表了自己的真知灼见，对推动我们国家城市建设起到了非常重要的作用。

  刚才专家从不同角度、不同侧面，从国家有关部门，从城市政府，从企业谈了智慧城市建设和发展的一些思路、经验，包括企业的做法，我觉得这对于我们国家各个领域的智慧城市建设有重要的借鉴作用。借此机会，我想谈谈对智慧城市建设和发展的

---

  * 陈宣庆，国家发改委地区经济司巡视员、信息库项目办公室主任。

几点想法，智慧城市近几年来是一个热门的话题，云计算、移动互联网、大数据，往往与智慧城市发展相提并论。一些机构做了大量的工作，应该说我们国家智慧城市建设发展的准备工作已经很充分了，但是我也感到智慧城市建设还存在几个方面的问题。

第一个问题是缺乏顶层设计，2014 年 8 月 27 日，经国务院同意，印发了《关于促进智慧城市健康发展的指导意见》。智慧城市这一概念和一些做法引进我们国家以后，相当长的一段时间内，政府没有联合印发指导意见，好多部门很有积极性，地方也很有积极性，现在约有 400 个城市提出搞智慧城市，相关部门搞智慧城市的试点也近百个，但是表现为试点的城市数量比较多，管理却比较分散，对试点的内容、目标、特点的把握不够准确。像 1998 年美国提出数字地球的概念之后，我们国家搞数字区域、数字城市的劲头很大，国家统一规划，制定统筹政策和相应的机制，但相应的政策没有及时定位好。好在 2014 年 8 月，国家发改委会同国务院有关职能部门共八个部委联合发表了促进智慧城市健康发展的文件。我很关注促进智慧城市健康发展，要健康发展，就要进行顶层设计，包括智慧城市建设的指导思想、目标、原则、主要任务、机制、制度，还有促进这个领域发展的相关政策、思路和具体措施，2014 年 8 月发布的文件体现得比较充分。但从各地智慧城市建设整体来看，目前离这个文件的要求还有较大距离，特别是盲目上马、零敲碎打，对智慧城市理解不深不透，更缺乏顶层设计。

第二个问题是智慧城市建设的基础工作比较薄弱。智慧城市建设是一个庞大的系统工程，要有顶层设计，更要有制度上的、基础的准备。智慧城市建设涉及各个领域，从大的方面来讲，中央政府、地方政府、企业部门，教育、文化、科研、工业各个领域都涉及，而且把新一代信息技术、先进的科学技术综合运用在城市发展和管理过程中，可以说，城市管理不是一个部门的事儿，涉及方方面面。这样的话，在指标体系的基础上各个门类标准规范的设计和建设显得尤为重要，我们这方面现在显得比较薄弱。

第三个问题是统筹协调。我们国家现在空间技术、国家空间基础设施已经发展到了相当高的水平，现在一些部门拥有综合的大型基础信息库，设施建设比较完备，每天收集大量的信息，从国内信息源到国外信息源，通过信息的整合共享，从而用于智慧城市的建设当中，这些都需要统筹协调。国家地理资源信息库，由 11 个部门和单位共同参与建设，这些部门和单位都属于资源环境管理部门，军队的总装、总参形成了 700TB 的大量的信息资源，200 多个专题数据库，这些数据应该按照建设的宗旨，为决策层服务，为社会服务，完全可以用在智慧城市建设和发展当中，包括一些研究工作。怎么统筹、协调这些信息资源，使其在我们国家智慧城市建设当中发挥作用，这是我们面临的课题。所以面对现在国内信息化发展的现状，我们有很多优势能够有效地促进智慧城市发展，关键问题在于顶层设计。顶层设计与部门的推进，形成合力，不要一个部门搞一个试点，另一个部门又搞一个试点，盲目试点，不了解试点内容应该引起注意。

点评二

温亚利[*]

非常荣幸有机会参加今天的智慧城市论坛。我对城镇化和小城镇化研究得比较多，特别是对小城镇生态环境建设的研究多一些。从欧洲到北美，小城镇化过程和文化发展过程、社会演进过程密切关联在一起，而我们国家的大城镇化和小城镇化在推进过程中外部的推动力非常强，快速形成了一个新的格局，在这个过程当中却只有其形，没有其实，但这是必然的一个过程，不是一年两年可以解决的。宁波是比较发达的城市，在发展过程中，结合城市经济的转型，通过数字化、信息化以及互联网等现代信息技术提升城市整体的服务功能，促进城市的发展，很多经验可资借鉴。

---

* 温亚利，管理学博士，教授，博士生导师，现任北京林业大学经济管理学院副院长。

关于智慧城市建设，特别是绿色智慧城市建设我有两点感受。从智慧城市方面来说，智慧城市的发展应该本着科学、分类、多元渐进的原则，我作为一个外行，特别害怕但也确实看到了很多地方在智慧城市建设中的同质化现象。在相同的模式下，很多城市打着智慧城市的招牌推进一些超前的或者是与其他同质的城市建设，虽然提供了强大的服务功能，却完全是闲置的，并没有真正开发对人们，对整个经济增长有利的服务功能。至于绿色，我经常想这样一个问题，比如说我们今天在这儿开会，可能几十万年前原始人拿着石头狩猎，之后发展到手工作坊，工人在劳作，而现在城市中到处是商务大楼，人们在这里办公。在快速的城镇化过程中，人这一种群本身的功能在消退，在绿色智慧城市尤其是智慧林业的建设过程当中应该让人们的生活更便捷、更舒服、更有效率，这是目的。绿色体现在好的景观、好的环境上，应该体现人的本性，应该和城市的环境建设更加密切地结合在一起，我觉得这个可能才是真正绿色智慧林业当中的绿色，但是如何做，怎么做能够将水资源、空气以及各种各样的植被环境与各种各样小的生物，即同智慧林业结合在一起，单纯靠计算机技术是不行的，更多的是考虑怎么才能够融入新的智慧。现在，一提到智慧城市，很多人头脑中反映出来的都是计算机、互联网，我在大学里面感受比较明显，学生不去买东西了，学校周围全都是送货的，学生不出去了，坐在教室里啥不干，吃饭在寝室里面叫外卖，人进一步退化了。

　　总体来说，在智慧城市建设当中，一定要更全面、更长远、更系统地考虑绿色生态问题，因为城市的格局一旦形成，高楼大厦一旦形成，城市便没有了空间，当然也谈不上生态与绿色了。

中国城市化问题与胡焕庸线的突破

王　铮[*]

我要演讲的题目叫作"胡焕庸线的突破"。此处，先厘清"突破"与"打破"这两个概念。"突破"，是基本分界还存在，对界限有所修改；"打破"，则指让界限在某些地方或多或少地消失或者没有太多的界限意义。我认为，对于胡焕庸线，一般来说只可能是"突破"。

众所周知，突破胡焕庸线是最近很受关注的问题，但首先应科学认识胡焕庸线，它是中国地理学家胡焕庸在 1935 年提出的划分我国人口密度的对比线，这条线从黑龙江省瑷珲（1956 年改称爱珲，1983 年改称黑河市）到云南省腾冲，大致为倾斜 45°的基本直线，该线东南方 36% 的国土居住着 96% 的人口，因此，

* 王铮，云南陆良人，中国科学院科技政策与管理科学研究所研究员，国家重大科学研究计划首席科学家。研究方向为政策模拟、经济计算和地理计算。

胡焕庸线是中国人口分布的重要界限。这个界限到了第五次人口普查的时候，就没有突破，到第六次人口普查，仍未突破。胡焕庸线最初是美国人提出的叫法，30年代的时候，中国将这张地图介绍给美国，于是名为胡焕庸线；要认识中国，就得认识胡焕庸线。

胡焕庸线不是计划经济的产物，而是大自然的选择。胡焕庸线是生态界限，是一个生态环境过渡的梯度线。有人说是中国地貌的台阶线，这一说法并不确切。然而胡焕庸线在地貌上是有重要意义的，地貌上胡焕庸线东南以平原、丘陵为主，传统上为农耕区，胡焕庸线西北方人口密度较低，地貌或者为沙漠或者为高原，传统上为牧业区。这是由中国地理的自然禀赋所形成的锁定，或者如克鲁格曼所定义的，叫作第一地理本性（First nature）。

作为第一本性，重要的是，胡焕庸线与中国年降雨量400毫米的等值线相重合，是中国半干旱区与半湿润区的分界线，因此胡焕庸线是气候导致的降水差异造成的。事实上，根据中国科学院吴静、王铮的模拟研究[1]，胡焕庸线是在1240年左右的气候突变后显现的。这次变化前中国旱涝分布的等值线分布方向，基本上平行于经线，表现为经度地带性。1240年后，旱涝分布等值线出现平行胡焕庸线的方向。这种降水差异，导致了农业生产潜力的变化，因此在胡焕庸线两侧，农业生产能力、生态条件出现明显差异。王铮、夏海斌等的分析发现[2]，这种由农业自然禀赋导致的差异，锁定了中国农业经济的格局。在工业化发生后，由于对早期发展的路径依赖以及城市对水资源和粮食的依赖，胡焕庸线仍然锁定着中国的经济地理结构。在中国未来的经济发展中，粮食可以通过调配解决，但是水资源的约束作用显然很强烈，所以胡焕庸线很可能继续锁定中国发展的空间格局。我们的模拟结果显示，这条线大约在元初就已经出现。

就胡焕庸线产生的根本原因看，气候地貌是主要原因，即气候地貌差异导致的降水条件、日照条件、土壤条件，使农业生产潜力发生分异，从而导致中国的耕地几乎都是在胡焕庸线以东，并且带来了供养人口能力的不同，所以有最初人口分布不同的结果。从这点看，既然胡焕庸线部分的是气候的产物，针对在气候变化条件下它会不会被突破的问题，王铮与乐群、夏海斌等，开展了数值模拟，利用 GCM 模型（Global Circulation Model）对中国 2040～2060 年的气候变化趋势的模拟表明，在气候变化条件下，中国西部、北部的降水条件将有所改善，但是由于蒸发量的增加，水资源条件虽然有所改善，但不是太明显。目前，胡焕庸线的农业生产潜力锁定正在被突破。主要在云南省北部地区和川西地区，农业生产潜力明显提高。另外，中国农业生产潜力提高最大的区域集中在胡焕庸线两侧，最为明显的是藏南地区和东北地区，其次是胡焕庸线以东、秦岭—淮河线以北的东北、华北、关中地区，秦岭—淮河线以南的四川盆地地区的农业生产潜力上升幅度也较为明显。但是，中国南方粮食主产区的农业生产潜力明显下降，这个对中国的粮食安全提出了重大的考验和挑战。总之，计算表明，中国东北地区、西北地区和西南地区的农业供养人口能力将有所提高。气候变化为胡焕庸线的突破提供了可能性。但是，气候变化只能带来局部的、小的变化。

在这种情况下，突破胡焕庸线，人们将希望寄予克鲁格曼所谓第二地理本性以及后来提出的第三地理本性。第二地理本性包括交通和聚集，早期的农业积累带来了人口聚集和交通的差异，也就使得胡焕庸线以东发展较快，胡焕庸线以西不发展或发展较慢。特别是第二地理本性的主要因素是交通条件，只是要在农业发达的地方发展交通，如果没有早期的资本积累，就很难，导致胡焕庸线表现为第一地理本性对地理结构的锁定。从这点看，如果要突破胡焕庸线，需要推进城市化。但是西北地区的城市化，水资源是根本约束。我们说过，只有气候变化带来的微小希望可能带来这种变化。

一抹解决问题的曙光正在浮现，目前有一个现象把胡焕庸线打破了，即全国的QQ上网空间布局，换言之，信息化打破了胡焕庸线。这就是信息化的平均水平表征。我国各地区的发展水平，现在提升了；沿着胡焕庸线，计算表明，信息条件提升了。王铮等论证，由于产业的进化，世界已经出现了第三地理本性；

要想打破胡焕庸线，第三本性的信息化是非常重要的。在信息化的推动下，我们做了一个模拟研究，时间跨度为 2000～2050 年，慢慢地信息化有所发展，胡焕庸线可以突破。所以，充分信息化，中国可以获得更大的发展，才能逐步打破胡焕庸线。如果不开展信息化建设，或者把网络封闭起来，胡焕庸线是突破不了的，更不要说打破了。

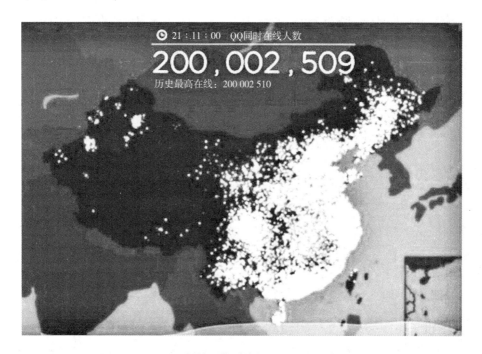

图 1　2012 年某天获取的年实时 QQ 用户分布
资料来源：http：//im. qq. com/online/index. shtml。

城市化与信息化结合，意味着我们要发展枢纽—网络结构的空间结构体系，通过这个体系把空间组织起来。有文章论及，在信息不流通的情况下，空间组织将发展为中心—腹地结构，长此以往，城市与农村对立，形成二元结构。在信息不衰减的情况下，空间形成网状的新型结构，其中有些点比较大，有些点比较小，大的成为某种产业化经济的枢纽，空间结构叫作枢纽—网络结构。我们模拟的结果表明，在胡焕庸线以西按照枢纽—网络结构来发展，新疆有可能取得更大的进步。我们现在搞城市建设，不管怎样，要把城市有效地组织起来，作为产业化的枢纽城市，这是我们所需要的，也是打破胡焕庸线的基础。

模拟结果显示，在全球不断发生变化的条件下，中国西部有些地方水资源可能更丰富，这就构成了自然增长的良好基础，也构成了空间的经济枢纽，如果在建设枢纽网络的条件下，再推行信息化，而不是反其道而行之，胡焕庸线就可能被打破甚至突破，中国经济可能再上一层楼。

必须指出的是，此处说的仅是可能，而不是必然。怎么把可能变成必然呢？我们需要看看美国的经验，当年美国怎么突破的中部荒原地带？是靠开发西部。从地理结构看，中国的这个"西部"出国境线了。中国历来不是一个喜欢侵略的国家，唯一的办法是与巴基斯坦、伊朗这些临海国家合作，建立一个地理学的枢纽网络结构，推动其发展，同时带动中国西部的发展。中国西部可以利用这些国家出海，胡焕庸线也就打破了，不仅是"突破"。这里的"破"有两重意义，胡焕庸线破了，巴基斯坦、

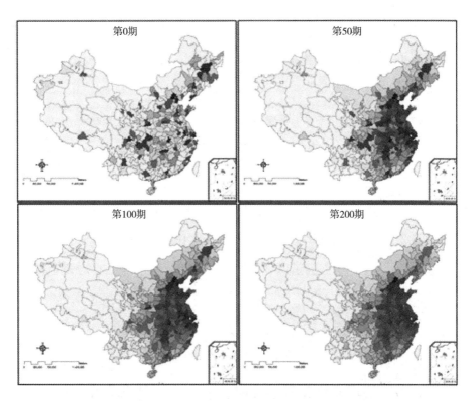

图2　在信息化推动下，中国未来经济发展水平模拟（每期约为半年）

伊朗这些国家也可以借助中国的力量，这对它们非常有利。波斯帝国的强盛，同依靠丝绸之路与东方通商不无关系。由此看来，"一带一路"战略，就是这样一个有利于中国也有利于沿线国家发展的好战略。

开展"一带一路"研究的专家现在如云如潮，没有我多说话的地方。不过有一点他们好像忽视了，中国处理国家事务和地缘政治经济学问题不能只有"一带一路""亚投行"这样的硬通货，还要有自己的价值观念，要有价值认同。汉朝的汉宣帝在讨论国家治理时说："汉家自有天下，王道霸道杂之。"这种价值观的张扬就是"王道"。那么我们可以提出的"王道"建议是什么？就是在国际事务和地缘政治经济学中倡导"发展、民主、平等、和平"，这里的"平等"包括各民族关系平等，如我们在新疆所提倡的。"平等"也包含人权平等的意义，有了人权平等才能真正实现民族平等，才能使广大民众有认同感。这个地缘政治经济价值观，再强调一遍："发展、民主、平等、和平"。从历史上看，由于第一地理本性的锁定作用，中国长期以来国家利益不能也不敢涉足西方，在地缘政治上，只在东方独立发展。在第二地理本性发展后，中国的闭关锁国格局被打破了，第二地理本性在中国沿海逐步发挥了作用，胡焕庸线的锁定作用被强化。现在，第三地理本性呈现，世界经济逐步一体化，在这种情况下，中国改变自己长达千年的"各人自扫门前雪，休管他人瓦上霜"国际政策，就可以打破胡焕庸线。在这种情况下，中国在国际事务和地缘政治经济学中，不再韬光养晦，不再在价值观上我行我素，不再让他国以"我们价值观一致"来抨击中国，抓住机遇，倡导"发展、民主、平等、和平"的原则，是中国的必要选择，也是打破胡焕庸线的根本保障。

仓促之言，安能无错，就说到这里吧。谢谢主持人，谢谢大家！

参考文献

［1］Jing Wu, Rayman Mohamed, Zheng Wang, 2011. "Agent – based Simulation of the Spatial Evolution of the Historical Population in China", *Journal of Historical Geography*, 37（1）：12 – 21.

［2］夏海斌、王铮：《中国大陆空间结构分异的进化》，《地理研究》2012 年第 12 期。

发展智慧城市要重视以人为本

王海峰*

《国家信息化发展战略（2006～2020 年）》指出，要以信息化促进工业化，工业化带动信息化，走中国特色信息化道路。智慧城市是信息化的必由之路，智慧城市也将改变我们的生活。

我国智慧城市的发展经历了三个阶段，第一个阶段是1992～2006 年，是智慧城市发展的萌芽期，经历信息化建设发展的准备阶段、启动阶段、展开阶段以及发展阶段；2007～2008 年的阶段则称作探索期，随着博客、论坛等社交互动平台的发展，互联网的应用使人们进入生活互联网的时代；之后从 2009 年进入了发展期，随着网站的逐渐成熟，各个行业不断细分，物联网、移动互联网、大数据不断发展和应用，更加促进了各方资源的整合，促进了人与物、物与物等的互联互通，这就是我国智慧城市

---

* 王海峰，国家统计局中国信息统计中心主任。

发展的三个阶段。

信息技术的高速发展带来了全球普遍的信息化浪潮，未来越来越需要依赖信息技术推动智慧城市发展，世界各国和政府组织都不约而同地提出了利用互联网和信息技术来改变城市未来发展蓝图的计划。现在全球有 200 多个"智慧城市"的项目正在实施当中。目前我国也有几百个城市提出了"十二五"时期建设智慧城市的目标，例如，北京、上海、天津、重庆、广州、武汉、成都、深圳、宁波、无锡、佛山等城市纷纷启动智慧城市战略，不断规划，推进智慧城市发展。我国智慧城市的建设更多地体现在基础设施建设、纵向管理项目以及公共服务等领域，使城市建设从"信息互联互通"走向"生活互联互通"，再到"人文互联互通"，逐步向智慧城市发展。但是与国际建设水平相比，可能还存在一定的差距，仍然需要继续努力。

具体来讲，"智慧城市"就是集成多种高新技术的应用，达到促进城市不同部门、不同层次之间的信息共享、交流和整合，提高城市资源利用效率，增强城市的聚集、扩散与辐射功能的目的，从而提高城市的规划、管理与发展水平，满足人们对城市各种信息、资源等的获取、共享和应用需求，以便使人们更好地认识、改造和保护城市。

从智慧城市第三方评价的背景来看，随着信息化的发展，国际社会对信息化进行监测和定位的呼声不断高涨。2003 年全球信息化信息社会高峰会议提出，国际社会需要确定一套共同的核心信息通信技术，需要 ICT 指标提供更深的国际信息化统计数据，对全球化取得的进展进行跟踪比较，为社会经济发展提供数据支撑。我国也应声而动，工信部正在使用的中国信息化整个的测评体系，在全国已经基本上推展开了。北京市政府在 2012 年 3 月制定和发布了《智慧北京行动纲要》，明确提出八大行动计划和"2015 智慧北京"的发展目标，同时要求在建设智慧北京的进程中，加强智慧北京发展水平的第三方评估工作。

智慧北京的评价内容主要有以下几个方面。

第一，建立智慧城市发展指数，即 ICDI 指数。智慧城市建设测算评估提供科学理论、统计方法及数据支撑，从而为政府提供量化的决策依据，这是总指数。对总指数进行的测算和评估分析主要包括四个方面，共建立了四个二级子系统，包括环境支撑、基础设施、智能应用和发展效果，以及 22 项三级指标。对北京所属 16 个区县指数进行四个分类，进行横向和纵向比较，通过评估和分析智慧北京发展状况，探索与把握智慧城市发展基本规律，总结发展中的经验并及时发现进程中的问题，为落实《智慧北京行动纲要》，统筹推动智慧北京建设提供量化支撑。

对于时政的分析参考，我们为北京做了三年的测评，基础数据方面收集了 2005～2013 年的数据。2005 年智慧北京的总指数仅为 0.161，2013 年已经达到 0.533，应该说这个进步是非常大的。在这个进步过程之中，有些指标在总指数提高的情况下，出现了下滑，其中之前的 22 项三级指标里面，有一项群众安全感满意度，全市的指标和各区县的指标同时下滑，后来在入户的过程中发现，很多居民反映，一是"金水桥事件"在心里留下阴影，二是近年来的雾霾、水质的不安全使大家在一定程度上把传统的社会治安问题与自己的生活联系在一起，像空气质量、水的质量、环境等，觉得北京不尽如人意，所以出现了安全感整体下滑的现象。

中国智慧城市仍处于探索发展期，建设标准莫衷一是，各城市智慧化建设还都在探索中，由于城市管理者对智慧城市建设方向不清晰、对建设目标不明确，因此会出现一些问题，包括盲目跟风建设、项目仓促上马以及不考虑服务对象"唯技术论"等。虽然一些企事业单位、科研机构、政府部门在深入开展调研后，建立了各自的智慧评价指标体系，但也存在权威性、规范性、准确性等问题，所以我国还亟须建立国家层面的统一、明确的智慧城市评价指标体系。

第二，大数据助力智慧城市的发展。中国进入大数据时代以后，与其相关的各种话题应该说热度不减，体量巨大、类型丰富、瞬间变化、真实性高，大数据确实蕴藏着巨大的价值。从城市大数据应用方面来讲，第一是城市管理系统，集交通、安居、应急、城管和能源"五位一体"。第二是城市服务系统，主要包括教育、医疗、宽带、卫生、旅游等。在大规模数据收集的基础上，进行快速的分析和智能决策，已经成为智慧城市建设的关键。

智慧城市的"智慧"来自大数据，智慧城市的核心是大数据应用，而大数据的最终价值体现在利用智慧服务民生上。随着信息化、网络化和智能化的发展，城市管理者有机会实现对城市运营状况的动态监测和掌握，通过在数据支撑、公众参与、社会监督和客观评价等过程中的大数据应用，城市规划将更科学；通过信息和公共数据互联共享，信息将会更精准、方案将会更智能、速度将会更快捷、管理将会更高效；基于教育、医疗、就业、旅游等民生领域的数据，也将实现"取之于民，用之于民"，使政府向市民提供方便、精准和快捷的服务真正成为可能。

第三，发展智慧城市要以人为本。中国城市资源环境面临严峻考验，中国智慧城市建设的主体是人，最终受益的也是人，所以发展智慧城市最终的落脚点就是以人为本。但随着城市人口的不断增长，城市规模的不断扩大，交通拥堵、产业结构不合理、环境污染、食品安全、"信息孤岛"等城市问题日益凸显，迫切需要利用新技术、新知识、新手段来重新审视城市的本质、城市发展目标定位、城市功能的培育、城市结构的调整、城市形象与特色等一系列现代城市发展中的关键问题，特别是通过智慧传感和城市智能决策平台解决节能、环保、水资源短缺等问题，以便更好地为人民服务。

有研究发现，中国城市资源环境面临严峻考验，城市环境问题日益突出，城市面积只占陆地面积的2%，但是，城市人口消耗了生活用水的60%，所排放的二氧化碳占比达78%，导致出现城市"热岛效应"。美国的城市研究表明，与周边农村地区相比，城市太阳辐射少20%，风速低了10%～30%。北京一有雾霾，大家就会热切地期盼赶快来一场风，正是这个道理。

城市环境影响的不限于城市自身，许多影响如污水排放是全流域的。交通和供热对温室效应和全球变暖的影响甚至成为全球性的问题，而由环境引发的淡水枯竭、粮食减产、能源竭尽等危机也在以直接或间接的方式引起国际冲突。智能化停车管理系统的应用将有助于解决城市环境问题。城市停车场是静态交通设施，把它管理好就可以减少居民的出行，也可以减少碳排放。一个成熟的智能垃圾分类处理系统可以精准地识别和区分每一片垃圾，在这个系统中，各种垃圾废料经过处理系统被循环加工成新的材料，而不是被简单地埋掉。每一块废料就是一个新的材料来源，从而实现城市系统的自给自足，促进节能环保，缓解人类生产生活给环境带来的超额负担。此外，构建智能城市还应拥有智能化的公共排放系统、人员管理系统、水务管理系统、消防监管系统、市容卫生系统等。

在智慧城市中，大规模的废弃工厂可以变成原材料的供给者，经过重新设计的废水处理系统可以有效处理废水，实行再灌溉，光控太阳能路灯可自行开启和关闭，智能收费站可以使驾驶者不用排队直接通过并自动缴费。当每一个城市与其周边城市和整体社会自然环境相互依存，不再成为单一的需求者，而成为物质的供给者，同时能够自给自足时，人类所面临的环境危机也将不复存在。

城市社会问题也应该引起人们的关注，很多城市现在都面临着贫富分化加剧问题，失业率和犯罪率居高不下，这些问题在全球普遍存在。2000 年 7 月，马尼拉垃圾场坍塌，124 名住在垃圾山上的人死亡，还有 100 多人失踪。因为饮水不洁，每年死亡的人数达 1000 万人，这个数字远远超过战争所带来的死亡人数。

建设智慧城市，可以有效地改善和应对城市危机及挑战，例如可以利用最先进的定位以及闭路电视监控技术，对儿童、残疾人、老人及阿尔茨海默症患者进行方位侦测，一旦触碰报警器，他们的紧急情况将被传送给相关机构及其家庭成员；同时，也可以对非法侵入私人住宅者进行自动侦测。三维空间信息系统可以为用户提供智能服务：地理信息服务系统可以为用户展示城市街景；旅游胜地详情服务系统可以为用户提供虚拟游览体验；一个应用业务可以为城市规划者提供基础设施发展或改造模拟。比如在环境监测中应用智能化系统，能够帮助确定地震或洪灾等自然灾害发生的地点以及哪个区域受灾最严重，从而帮助决策者预先制定灾害响应机制等。

面对大城市发展而带来的教育、医疗、旅游等问题，智慧城市理念提供了一条便捷的解决之路，如电子政务、手机挂号、手机打车、网上缴费等，不仅有利于提高城市管理者的决策效率和居民的反应能力，提高资源配置效率，也有助于应对城市风险并让人们的生活变得更加简单舒适。

各地的数据中心能耗巨大。大数据中心的建设是智慧城市的主要内容之一，是承载智慧化应用、构建各种支撑能力的核心基础。2012 年全球数据中心领域投资增长 22%，从 2011 年的 860 亿美元增长到 1050 亿美元，越来越多的科技公司不得不进行海量的数据存储。数据中心仍面临很多挑战，例如，空间占用大、服务器利用率低、管理员时间的使用效率低、服务水平和可靠性有待提高等。数字中心还面临着对能源消耗和信息化之间的矛盾，虽然近两年信息中心节能技术有长足的进步，但是数据中心的能耗仍然令人担心。

数据中心亟须寻找绿色节能的途径，受经济增长方式粗放、产业结构不合理、技术装备落后、管理水平低等因素的制约，我国的能源利用效率低下，而信息化、数字化、智慧化的发展，必将能有效遏制浪费，实现有效节能。例如，早在 2007 年，欧盟就提出并实施了一系列智慧城市建设规划。其中瑞典、芬兰、荷兰、卢森堡、比利时和奥地利等国家的城市智慧程度比较高，节能减排成效也十分显著，有值得借鉴的地方。以瑞典首都斯德哥尔摩为例，该市在通往市中心的道路上设置 18 个路边监视器，利用射频识别、激光扫描和自动拍照等技术，实现了对一切车辆的自动识别，收取拥堵税，从而使交通拥堵水平降低了 25%，同时温室气体排放量减少了 40%。另外，丹麦首都哥本哈根通过修建 3 条"自行车高速公路"并针对自行车建立完善的服务设施，使哥本哈根在构建绿色交通方面成绩斐然。此外，韩国的智慧城市建设是以网络为基础的，其中首尔实施了一项智能计量项目，通过安装智能计量表，为家庭、办公机构、企业主提供有关水电气消费量的实时报告，报告以货币单位形式给出，辅以具体的消费模式，并给出调整这些模式以便节约能源的方法。

解决城市生态问题需要绿色智慧理念。通信基础设施、电子商务等，都是信息应用的基础。智慧城市当然也需要有自己的智慧产业来支撑这些系统设施。城市的通信管线、城市通信机房、城市的移动通信基站都是信息系统，是智慧城市必备的资源基础，这些系统也需要数据中心的支撑，绿色智慧城市面向各个领域，应用系统之间可以相互协调。例如，如果预计有暴雨，就可以根据数据提前对城市下水道进行检测，相应的交通管理措施相互协调，避免出现大的洪涝灾害。对城市信息数据进行挖掘，经智能分析后形成行动方案，使众多相关应用系统协同运行，可以解决城市生态面临的一些问题。

"以人为本"指明了智慧城市的努力方向和最终目标，这不仅是技术层面上的更新换代，不仅涉及管理效率的提升，更为重要的是"以人为本"的实现。一切围绕人进行，以人的诉求为出发点，以人的需求为突破点。只有这样，智慧城市的建设才能够得到更多人的支持，才能构建一个有灵性的城市，使人们的生活更美好。

智慧城市建设可以带来具有国际竞争力的社会资产，大数据分析可以提升城市管理和服务水平，而体现以人为本的城市发展理念需要融智慧和绿色于一体，绿色智慧城市是中国城市发展以及城市化的必由之路，抓住绿色智慧的机遇，提升行业技术水平和积累更多的基础数据，将是构建智慧城市长期而重要的工作。

智慧国土框架及其研究进展

李晓波* 刘 丽

当前，世界发达国家都将发展新一代信息技术作为战略制高点，随着人类对"智慧"理念及其应用的不断探索，数字地球已发展到第二代"智慧地球"阶段，数字国土随之发展升级为"智慧国土"。因此，需要将新技术和新理念融入国土资源管理各领域和各环节，促进构建科学、高效、智慧的国土资源管理运行体系，全面提升国土资源管理决策支持能力和信息服务水平。

一 从数字国土到智慧国土概念的提出

美国于1998年提出了数字地球概念，同年中国科学院地学部组织起草了国家数字地球发展战略建议。国土资源部当时积极响应，

---

* 李晓波，国土资源部信息化工作办公室副主任，教授。

开展了数字国土工程建设，计划用 12 年时间，即从 1999 年到 2010 年，基本建成一个覆盖全国陆地的数字国土框架，在遥感的基础上集成土地、地质、矿产资源数据。如今，经过近 15 年的建设，通过数字国土工程和金土工程一期，基本实现对整个国土数据的整合集成，基本形成国土资源"一张图"，建立了国土资源政务办公平台、综合监管平台和公共服务平台三大平台，积累了大量的数据并构建了网络体系，形成了一系列信息服务系统（见图1）。全国国土资源"一张图"平台，集成了土地、矿产、基础地质、地质环境和地质灾害等各类数据，是可以达到 1∶10000 比例尺空间精度的数据管理系统。核心数据库已经在国土资源部信息中心建成，将为有关部委和科研机构提供共享服务。同时，国土资源开发利用监管是政府管理中非常重要的一项职能，通过建设综合监管平台，实现了对全国国土资源开发利用的全程动态监测。在综合监管平台中，可以实时监控全国每一宗土地的审批、供应、利用状况，可以实时掌握全国的土地和矿产资源总量及其变化。与此同时，还建立了公共服务平台，目前整个政府服务公开信息，包括土地审批、矿业权审批以及地质资料等数据，都可以在公共服务平台上发布。

从"十二五"规划开始，国土资源部顺应国际信息技术发展的潮流，把建设智慧国土作为"十二五"的主要目标。因为从国土资源工作发展对信息化的需求来看，要求实现全方位、立体化的实时监测，要求有智能化、科学化的管理决策，还要求有

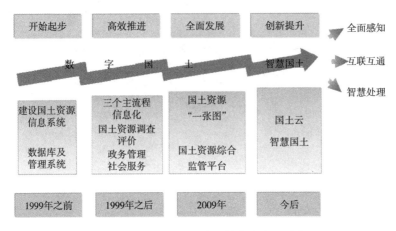

图 1　我国国土资源信息化发展阶段

高精度、多元化的社会服务，所以也要求我们应用物联网、云计算以及大数据这些新技术、新概念来建设智慧国土。

智慧国土现在还处于探索创新阶段，其推进必定是一个渐进的过程。信息化深入发展到目前这个阶段，数据积累已经到了相当丰富的程度，以至于能够让我们通过云计算、大数据技术，为管理和社会服务提供智能化的、高质量的系统。

二　智慧国土的愿景

智慧国土不是对以往国土资源"一张图"和三大平台框架的颠覆，而是一个在程序化、规范化、合理化的基础上渐进式升级到科学化、精细化的过程。智能感知技术对强化各类数据采集监测、灵活机动地智能化获取数据并与各级管理系统互联具有重要意义。在没有物联网概念之前，国土资源领域采用的是感知技术，但是没有与相应的管理系统，特别是决策支持系统相关联。今后要使这些感知技术应用与现有的管理系统实现互联。感知技术应用的案例，包含安装数据服务器的野外巡查车、野外调查掌上机、固定式移动探头、农田中的监测探头，以及地质灾害监测防治领域应用比较广泛的野外观测台站等，这些技术中应用的数据是按照物联网的概念形成的，最后都通过宽带进入国土资源的数据中心。在此基础上，特别是在不断补充数据的基础上，可以充分应用现代新技术，加强数据挖掘，挖掘有意义的管理决策信息，然后构建面向不同专题的智能决策体系，实现智能化决策。

智慧国土的愿景主要包括三个方面（见图2），一是能够实现全方位、立体化的实时监测，核心是近年来物联网技术的发展，特别是已经数字化的各种传感器技术的发展，这使传感器形成的数据能够实时进入大网络，形成海量数据；二是国土资源在这个基础上实现智能化、科学化的管理决策；三是为社会提供高精度、多元化的社会服务。总体来说，这三个是最主要的发展方向。

目前，智慧国土框架已经初步建立（见图3），它以国土资源为基础，通过各种网络设施对数据进行实时监测，核心是在此基础上形成一系列机制，支持管理和决策数据挖掘。从城市规模来看，它是城市数据的基础设施，国土资源数据分析可以为宜居

图2 智慧国土愿景

城市的布局提供绿色科学的规划。考虑到生态、经济、社会综合效率，在产业工业的选址、为市民提供技术服务和灾害防治等方面发挥智能化服务作用。

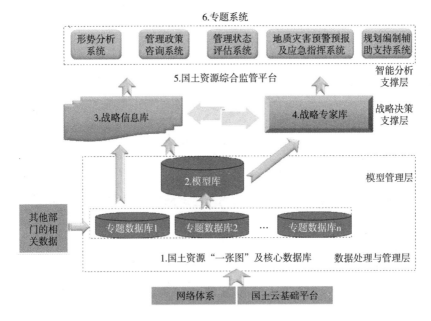

图3 智慧国土总体框架

三 智慧国土建设的若干进展

目前，随着智慧国土建设的不断推进，在支持管理方面已经提供了一系列分析服务的系统（见图4）。

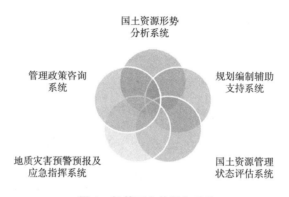

国土资源形势
分析系统

管理政策咨询
系统

规划编制辅助
支持系统

地质灾害预警预报及
应急指挥系统

国土资源管理
状态评估系统

图4 智慧国土的服务系统

一是国土资源形势分析系统，它主要是用来在宏观层面上把握整个经济社会形势的变化，发挥宏观调控资源的作用。通过在海量数据基础之上构建国土资源关键指标，进行宏观动态的分析，提出土地管理的基本情况，为决策提供数据支撑。目前已经在全国范围和省级范围开始进行研发部署。

二是规划编制辅助支持系统，它是支持国土土地承载规划目标的系统，能够动态科学地选择多方案的规划，对资源管理、城市管理及其整体运营状况进行动态评估，使与管理有关的指标信息汇集在一起，评估现在的管理的科学性、系统的效率以及存在的问题等。其他系统还包括地质灾害预警预报及应急指挥系统，能够快速地响应地质灾害发生以后的应急处置情况，以及构建管理政策咨询系统及智库，以信息化的手段提升智库水平，建设管理政策的咨询系统。

服务系统的建设也取得了重要进展，情况如下。

第一，关于国土资源形势分析系统。在国土资源海量数据的基础上，建立资源行政分析的关键指标，反映国土资源应用的现状和发展趋势，提高调控能力。系统建设的目标是动态、直观地把握宏观经济形势变化对国土资源管理的影响，发挥运用国土资源参与宏观调控（如房地产市场调控）的重要作用。形势分析系统中的指标共分成三大类——基础类的指标、复合关系类的指标和综合指数类的指标。基础类的指标直接可以从数据库系统中提取出来，复合关系类的指标需要经过一定的计算，综合指数类的指标提取难度更大，但能够反映整个中国一些最关键的形势问题。目前已经形成了国土资源形势分析报告、国土资源季度形势分析报告、国土资源利用和供需的核心指标研究三大系列成果；在实际应用方面，面向研究分析人员，系统提供了通用指标数据查询和综合指标查询功能，即席报表技术方便分析人员根据业务需求自定义组合，形成专业数据分析报表，同时针对特定专题的数据分析，提供了基于模板的专题数据分析功能，提供了国土建设用地供应情况模板、全国铁矿石开发利用情况模板。此外，还创新性地构建了可进行月度、季度、年度跟踪监测的国土资源形势分析核心指标框架，进一步明确国土资源形势分析的原理与方法。

第二，关于多功能国土利用综合评价与规划预测信息系统。该系统现在已经开发完成，用于配合国土规划的编制，是综合各类经济社会以及各类资源环境数据的大型系统。目前该系统的指标体系考虑了经济、社会、资源和生态环境四大方面的功能，形成了一系列指标（见图5），这些指标实际上都可以从数据中提取出来，从而建立相应的模型。这个系统能够对国土各项规划进行评价，例如雷达图、空间分布专题地图等，通过它提供的各种分区的方案，可以进一步判断和核实，为国土规划提供各种分析方法。在这个基础上对整个国土的经济空间公平效率进行评价，对城市3D建设、国土开发、经济空间和主要要素之间的关系进行评价。

图5　国土多功能评价指标体系

第三，关于国土资源管理状态评估系统。目标是支撑和保障国土资源领域内各项改革工作，跟踪反映国土资源制度改革的热点、难点问题，掌握政策执行和调控效果，评估部分重点政策措施的落实情况。主要内容是通过建立不同层面土地资源宏观形势与政策实施的观测点，选择核心指标，构建制度改革监测评估体系，指导开展实地调研，为在重点领域、关键环节实施改革提供实证监测评估依据。

第四，关于地质灾害预警预报及应急指挥系统。目标是加强对重点地质灾害易发区的监测预警，实时掌握地质灾害发生、发展和变化的过程，为地质灾害预防和应急决策提供信息支持。主要内容是面对省、市、县国土资源部门，建立集地质灾害管理、地质灾害预警、应急管理、危险评估、地质灾害点监测、地质灾害信息发布等功能于一体的地质灾害防治领域的综合性系统。

第五，关于管理政策咨询系统。目标是面向国土资源宏观管理决策需求、地方需求以及社会需求，实现国土资源相关政策内容的自动化管理与服务，实现决策咨询资源共享以及协同。主要内容是在全面整合各级国土资源政策的基础上，构建基于网络的政策和文件仓库，以国土资源管理流程为节点，拆分政策要素，建设国土资源政策的智能化搜索、查询、发布和咨询系统。

大地理及其在智慧城市中应用的思考

梁　军*

一　引言

15～18 世纪，是欧洲的地理大发现时代（the Age of Discovery)，或称大航海时代。借助航海探险，欧洲人将触角伸向了全球，掌握了地理信息或地理知识的先机，促进了全球贸易的发展，改变了世界的经济格局，为欧洲的繁荣奠定了基础，同时也带动了地理学的发展。第二次世界大战之后，地理学的作用日趋式微，出现了所谓"地理学危机"[1]，许多大学地理学系被撤销或更名，地理学辉煌不再。

1998 年，在地理大发现时代 500 多年之后，在其发源地葡萄牙里斯本召开的 GIS PlaNET 98 会议上，地理信息科学概念的

* 梁军，北京超图软件股份有限公司副总经理，教授级高级工程师。

提出者 Goodchild 教授发表了题为"透过 GIS 重新发现世界：展望第二次地理大发现时代"的主旨演讲[2]，指出 20 世纪末至 21 世纪初将有可能出现第二次地理大发现时代，GIS 成为重新发现世界的工具，通过数字地球和野外 GIS（Field GIS）能够更深入地认识世界，同时提出了"人—计算机—现实相互作用"的概念（HCRI，Human-Computer-Reality Interaction）。地理信息技术为地理学的再繁荣奠定了技术基础。

2007 年，美国作家、密歇根州立大学教授哈姆·德·布雷（Harm de Blij）出版了《地理学为什么重要——美国面临的三大挑战：气候变化、中国崛起和全球恐怖主义》一书，试图从地理的角度把握近年来世界发生的各种巨变以及它们之间的内在联系，以更好地理解和应对这个日趋混乱的世界；2012 年，他推出了该书第二版《为什么地理学比以往任何时候都更重要》（*Why Geography Matters：More Than Ever*）[3]，进一步指出：在错综复杂和快速变化的现实世界里，地理学更加重要，对其需求更加旺盛。

当前，云计算、物联网、移动计算、大数据、智慧地球（城市）以及基于"3S"技术（遥感、地理信息系统、全球定位）的全球对地观测系统迅猛发展。作为新兴经济体的中国实施了"走出去""一带一路"和新型城镇化发展战略。第二次地理大发现时代或将成为现实，并将改变世界的经济格局，促进新兴经济体的繁荣，带动地理学在大地理（Big Geography）层面的再繁荣。

大地理或许可以为智慧地球或智慧城市提供理论、技术和方法，因此，本文在提出大地理概念的基础上，对其在智慧城市中的应用进行了探讨。

二　从大数据到大地理

（一）大数据之后将迎来大地理时代

大数据已成为当今的热词，透过大数据我们得到了什么？大数据之后，将有什么新概念出现？

数据是现实世界组成要素及其相互关系的运动与变化状态的反映，无论是小数据还是大数据，无论是传感器网络、物联网还是人机交互获取的数据。根据图 1 所示的 DIKW 金字塔模型（Data-Information-Knowledge-Wisdom，即数据—信息—知识—智慧），按现实世界的组成结构对数据进行分类与组合（数据的结构化），可将数据转换为信息，实现数据建模，用数据或信息表达现实世界；通过提取信息中存在的规则，获取知识，实现数学建模，用数学模型反映现实世界的运动与变化规律；人类对知识的充分利用，又体现为智慧。

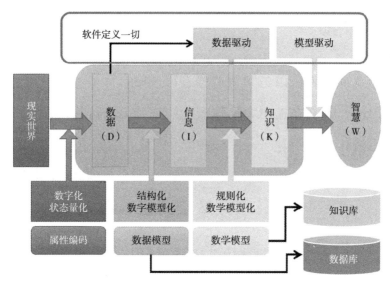

图1　数据—信息—知识—智慧金字塔模型

大数据的核心是透过现象看本质。透过错综复杂的数据，通过数据结构化以及结构化基础上的数据融合获取信息，通过规则化获取知识，使我们理解所关注对象或系统的过去，感知其现在和预测其未来，进而影响（或调控）所关注对象、系统及人类个体、群体和周边地理环境的未来状态，实现"人—计算机—现实相互作用"。

我们所关注的对象或系统的过去、现在和未来是在一定地理空间范围内发生的，并以时间和空间为框架。透过数据（包括大数据）所做的一切都是在试图理解我们的世界（Understanding our world）——我们周边地理系统的整体或局部，"地理系统把地理环境看作是一个运动着的发生和发展中的世界。包括人类赖以生存和生活并强加影响的整个自然环境和社会经济环境"[4]。

大数据也许是"海底捞针""盲人摸象",但获得的成果在一定的时间空间范围内是真实的,所有的数据、信息都可基于时间和空间框架进行镶嵌、拼接和融合,即通过结构化还原一个真实的地理世界或其某一个侧面,并以此为基础,提取信息中所隐含的规则,进而获取知识。

地理学曾经是"科学之母",也许"大数据时代"之后,将迎来"大地理时代"。

(二) 大地理的含义及研究对象

大地理是以地理系统(或地理综合体)为研究对象的地理科学、地理技术与地理工程等学科的综合,以及基于计算的统一,在科学的层面表现为统一地理学,是自然地理学、人文地理学与地理信息科学的集成与融合;在技术层面表现为统一地理技术,是地理信息技术与其他地理技术(如地理系统或子系统的观测、分析、预测、调控技术)的集成与融合;在工程层面是统一地理学和统一地理技术的综合性及系统化应用,以解决复杂地理系统相关的工程问题(见图2)。如智慧交通,就是一种大地理工程,不仅涉及交通设施本身,还涉及土地利用、功能分区、人口分布甚至天气状况和经济发展等诸多因素;同样,水利工程也是一种大地理工程，涉及地形、水文、气象、生态、社会及经济多种复杂的地理要素及地理子系统之间的相互作用；这些问题需要从地理系统的层面给予系统性的解决。

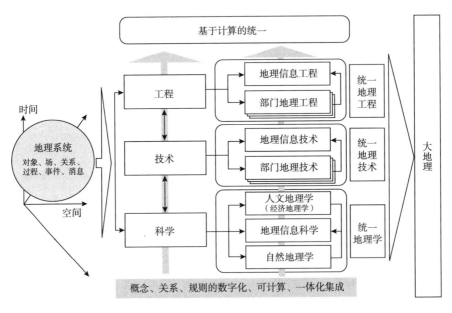

图 2　大地理的研究对象及内容

大地理研究的核心对象是地理系统（或地理综合体），是一定的地理空间范围，由各种自然、人文和人工的地理要素相互作用和相互关联构成的空间系统。其边界可以是自然或人为的，其范围可以是全球也可以是一个国家、省、城市、社区甚至一栋建筑物，地理系统具有尺度特征或效应，涉及宏观、中观和微观的地理系统。地理系统在垂直方向上，可以按照组成要素特征划分为不同的专题子系统，如自然的地形、地貌、地质、土壤、水文、植被等子系统，人工的交通、管线、建筑等子系统，人文的行政、经济与社会等子系统，专题子系统不能独立存在，同一地理系统内专题子系统之间的集成表现为地理系统的垂直集成，以构成完整的地理系统，如可将城市看成一个地理系统，由自然资源与环境、基础设施和经济社会等专题子系统构成；从水平方向上或从地理空间的角度，地理系统可以按照空间范围划分为空间子系统，空间子系统是相对独立和完整的系统，可以独立存在，空间子系统的集成表现为地理系统的水平集成，以构成更大规模的地理系统，如京津冀一体化及京津冀断头路的连接（交通一体化），就是一种地理系统水平集成的案例。

利用大地理有利于从基本框架（时空框架）、因果关系和机理上解决大数据存在的"盲人摸象"和"海底捞针"问题。

（三）大地理的本质及应用模式

大地理的本质是现实世界及相关知识的数字化和可计算。IT技术的发展为数据、信息与知识的数字化与可计算奠定了基础，如图 3 所示，我们可以用数据结构和算法来抽象现实世界或地理系统。正如毕达哥拉斯所言"万物皆为数"，我们可以用数字（数据）建模的技术手段，利用数据结构抽象现实世界的数字模型；通过数学建模以算法形式实现知识的数字化和可计算，算法是知识固化与活化的一种手段。软件由"数据结构＋算法"构成，以"软件定义一切，算法改变世界"的方式可以促进知识的融合，从而实现地理学各学科基于知识融合与可计算的统一。

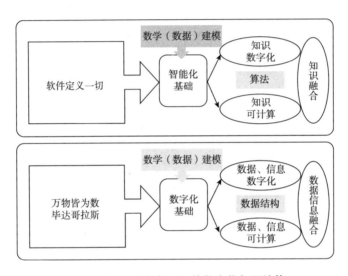

图3 数据、信息与知识的数字化与可计算

面向对象的技术（Object Oriented Technology）为地理系统的数字化或建模提供了技术基础，如图4所示，基于对象、场（Field）、关系、属性、规则、行为、事件和消息等基本要素可以构建地理系统的数字模型或者软件模型，实现地理系统到地理信息系统的数字映射。量化的属性可作为变量用于数学建模，通过数学建模反映要素属性之间的相关关系和数学规律，为系统模拟、仿真和预测奠定基础。

作为科学、技术与工程的综合，大地理将基于地理信息技术

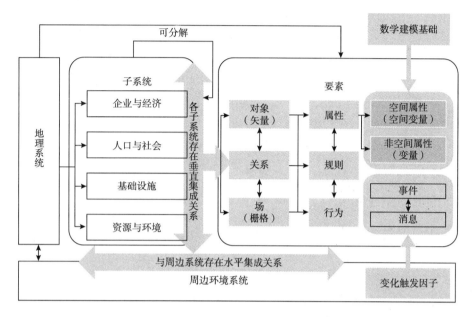

图 4 基于面向对象思想地理建模机制

构建由地理系统与地理信息系统耦合的赛博－物理系统（GCPS）。赛博－物理系统是"工业 4.0"的核心，是一种由协同计算元素（Collaborating computational elements）控制物理实体（Physical entities）的系统，微型化的计算元素以嵌入系统（Embedded systems）的形式与物理实体形成一种耦合模型，对物理实体进行感知和调控，计算元素之间通过网络互联形成相互作用的要素网络，对物理实体构成的系统进行感知和控制。其意义和影响不限于工业本身，全球正成为一个巨大的赛博－物理系统，智慧地球的本质就是全球化的地理赛博－物理系统。

大地理学将改变传统地理科学与地理技术的应用模式（见

图5），实现地理建模、地理设计、"地理控制"和地理监测等一体化集成，从地理系统整体的角度带动大地理工程的应用与发展。基于地理建模技术手段构建与地理系统相对应的地理信息系统，采用地理信息系统支持下的地理设计制定地理系统的发展目标，通过地理监测和地理控制确保目标的实现和地理系统自身的优化。大地理可以融合最新技术，如在地理设计方面集成 BIM，在地理监测方面集成物联网，在地理建模方面融合大数据，在地理控制方面集成合作对象网络（Cooperating Objects Network，CONET）。

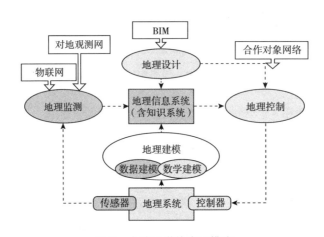

图 5　大地理学的应用模式

大地理学基于地理信息系统对现实地理系统的调控机制见图6所示，形成一种现实与虚拟系统构成的闭环控制体系，这种体系可以是多层次分布体系，通过信息总线（或智能时空总线）实现系统的整体和分布式调控。

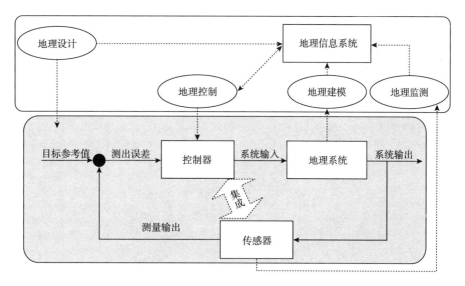

图 6　大地理学的调控机制

"一张图"模式是大地理初始的表现形式，而智能时空总线是大地理实现物化的基础。大地理的具体应用将促进现实地理系统的智能化，如智慧城市建设，在充分发挥其地理学价值的同时，可以通过"研究—开发—运维"（Research-Development-Operation）大地理闭环发展模式（ReDevOps），使地理学本身受益并得到发展。

三　大地理在智慧城市中的应用

（一）城市是典型的地理系统

城市是一种典型的地理系统或地理综合体，其组成见图 7 所示，由城市地理环境（含自然资源与环境）及政府、企业和市民三大主体构成。

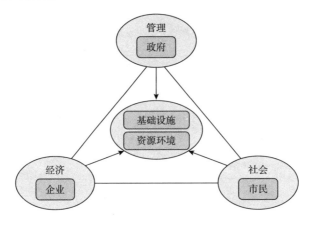

图7　城市地理系统的组成结构

理解和把控城市地理系统，需要充分利用自然地理和人文地理的知识，以及相关的地理技术，如地理监测、地理建模、地理设计和地理控制技术，而智慧城市建设可以说是复杂而且庞大的地理工程。因此，可以将大地理的相关理论、技术和方法应用于智慧城市的建设。

（二）智慧城市本质是地理赛博－物理系统

从地理系统的整体结构出发，智慧城市建设可以以智慧政务为中心，形成地理环境智能化（智慧基础设施）、社会智能化（智慧民生）和经济智能化（智慧企业）三条主线（见图8），从而实现城市系统整体的智慧化。

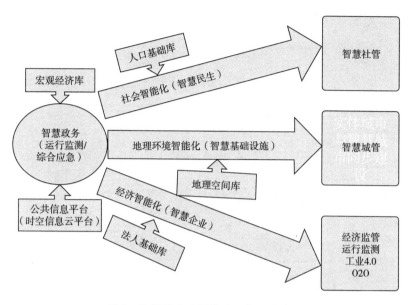

图8 智慧城市建设的中心与三条主线

　　基于大地理的概念，智慧城市本质是要构建城市的地理赛博－物理系统，实现对城市地理系统的地理建模、地理设计、地理监测和地理控制，通过城市组成部分（要素）智能化实现城市整体系统的智慧化。

　　地理建模是城市地理赛博－物理系统构建的基础，地理建模可以通过时空信息云平台体现，通过时空信息云平台构建城市地理环境数字模型（数据模型）和数学模型（知识模型），包括二维、三维地理信息及四维时空数据模型，为城市整体系统的数字建模提供数据融合、集成和分析计算的时空框架，因此，时空信息云平台成为智慧城市建设的核心。通过时空框架可以整合人口、法人和宏观经济数据库的信息，构建城市系统整体数字模型，而这种城市数字模型通过智能时空信息总线和物联网（传感网）获取的信息能够实现实时更新，从而动态地反映城市状态（见图9）。

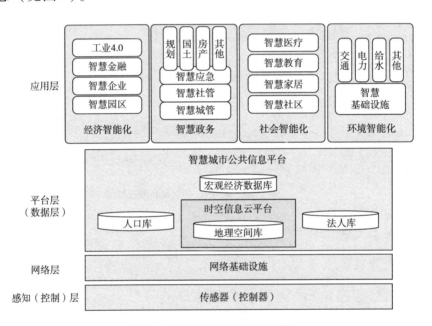

图 9　智慧城市的技术总体架构

作为地理赛博－物理系统，智慧城市的赛博系统不仅仅是被动地获取和反映物理系统的实时状态，而且可以自动或者半自动（人工干预）地对物理系统进行调控，即地理控制。地理控制将是智慧城市非常重要的特征，地理控制更强调地理系统整体的优化与控制。

从大地理的层面，智慧城市时空信息云平台与数字城市地理空间框架的不同点在于：时空信息云平台需要全面和系统性地支持地理建模、地理设计、地理监测和地理控制；其数据建模能力从二维到三维和多维（时空维）、从宏观到微观、从室外到室内、从静态到动态等方向发展；而数学建模即时空数学分析模型的能力需要取得突破，以满足地理设计与地理控制对可选方案和可能结果的分析、模拟、预测和评价的需要，这将是智慧城市面临的最大技术挑战；要求实现基于智能时空信息总线的多层次、分布式信息获取与控制分布能力。

（三）地理环境智能化中的大地理技术应用

大地理技术的应用模式涉及地理建模、地理设计、地理监测和地理控制，这将在地理环境智能化中发挥重要的作用。

地理环境智能化是智慧城市建设的三条主线之一，是智慧城市的基础性和支撑性的过程，需要解决实体城市与智慧城市同步建设问题，实现城市地理环境（含基础设施）的智能化。

地理环境智能化将贯穿城市规划、建设、运行（应急）的全过程，是智慧城市建设需要面对的核心流程，见图10所示。

这个过程可以基于地理建模、设计、监测和地理控制技术加以实现。

地理建模重点在于建立城市地理环境的数据模型（数据

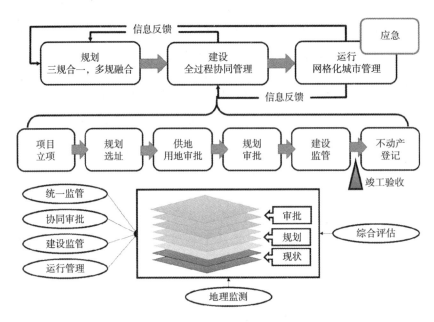

图 10 城市规划、建设、运行（应急）全过程

库），包括现状、规划、审批三个阶段的数据模型，并建立相关的数学模型对现状以及规划设计方案进行分析、评估。

地理监测的重点是对现状数据进行更新，并基于相关的数学模型对现状进行分析和评估。

地理设计是对城市建设进行规划的过程，随着认识的深入，城市发展规划已经进入"三规合一"和"多规协同"阶段，强调多种规划间的融合与协调，实现基于空间的"规划一张图"。"多规合一"的技术基础是"一张图"的规划信息整合与共享，其本质是"多规合一"的地理设计，是大地理的一种应用形式。通过地理系统数据建模和数学建模基础，整合目标地理系统

（城市）的各种地理要素信息，在数据和知识融合及可计算的基础上，实现基于多要素空间可视化的交互设计和模拟计算，进行设计方案优化、多部门协同应用和持续改进。

"多规合一"的地理设计应用的深入，将可能带动规划实施的地理控制、实施效果的地理监测及基于数学建模的实施评价，"多规合一"将成为一种动态规划，形成地理建模、地理设计、地理控制与地理监测（含评价）的全过程应用。

城市的建设与运行（含应急）则是在地理监测基础上的地理控制。在建设流程中，可以实现审批和基于地理监测的建设过程监测（地理控制）一体化。而在运行阶段，可以实现地理监测与网格化城市管理（地理控制）一体化，在突发应急事件发生时，发挥应急管理的作用。

可以将城市规划、建设与运行（应急）的过程看成地理建模、地理设计、地理监测和地理控制的一体化过程，其核心是全过程网格化。

（四）智慧城市的 ReDevOps 发展模式

相比数字城市，智慧城市的智能化需要通过数学模型建模实现，数学模型建模包括大数据分析将是智慧城市建设与发展最大的挑战，这需要改变已有开发与运行模式，发展研究－开发－运维一体化模式，在智慧城市的建设运行过程中引入数据科学家及相关的科研人员，形成研究、开发与运维一体化的多方共赢模式，智慧城市运行积累的数据可以供科研人员从事研究，而科研人员研究的模型可以进一步通过城市发展得到验证，而这些模型的应用将促进城市发展的智慧化。

ReDevOps 也有利于促进大地理的发展，以城市系统为对象进行深入的研究与应用，可以进一步促进地理科学、地理技术和地理工程的一体化。智慧城市的发展将会促进大地理的发展。

四　结论

本文提出了大地理的概念，即以地理系统为研究对象的地理科学、技术与工程的综合，科学层面表现为统一地理学，是自然、人文与地理信息科学的集成与融合；技术层面表现为统一地理技术，是地理信息技术与其他地理技术（地貌、水文、区划等）的集成与融合；工程层面是统一地理学与技术的综合性及系统化应用，以解决复杂地理系统相关工程问题。在应用层面体现为地理建模、地理设计、地理监测和地理控制等一体化集成，以及地理系统与地理信息系统之间的互动构成地理空间信息物理系统，满足人类对各种尺度（宏观、中观和微观）的地理系统的认识与理解、感知和评价、预测与调控以及开发和利用的需要。"一张图"模式是大地理初始的表现形式，而智能时空总线是大地理实现物化的基础。

分析了大地理在智慧城市建设中的应用，认为城市作为典型的地理系统，智慧城市本质是构建地理赛博－物理系统，时空信息云平台是智慧城市建设的核心，可在智慧城市发挥地理建模、监测、设计和控制的作用。地理环境智能化和智慧城市中城市规划、建设、运行与应急的核心流程将体现为地理建模、监测、设计和控制一体化应用。

大地理将促进智慧城市 ReDevOps 模式的发展，同时，智慧城市建设与运行也将推动大地理的发展。

参考文献

［1］冯占军：《地理学的危机与前景》，《华中师范大学学报》（自然科学版）1997 年第 2 期。

［2］Goodchild F. Michael. Redisicovering the World Through GIS：Prospects for a Second Age of Geographical Discovery. Lisbon ：GIS Planet 98，1998.

［3］黎文：《地理学为何比以往任何时候更重要》，《文汇报》2012 年 11 月 5 日。

［4］陈述彭：《地理系统与地理信息系统》，《地理学报》1991 年第 1 期。

［5］钟耳顺：《地理控制与实况地理学——关于 GIS 发展的思考》，《地球信息科学学报》2013 年第 6 期。

［6］TonyHey，Tewart Tansley and TolleKristin. The Fourth Paradigm：Data－Intensive Scientific Discovery. Washington ：Microsoft Corporation，2009.

大数据时代城市规划编制转型思考

许　剑　党安荣*　佟　彪　李　娟

随着互联网的普及，特别是受移动通信、物联网、云计算、位置服务、数据挖掘等信息技术快速发展的影响，传统城市规划思想、技术和方法已经发生了很多变化，关注作为微观主体的城市居民对城市发展过程的需求成为城市规划研究的热点，而大数据将成为支撑这一热点研究的重要手段[1]。发现、挖掘、处理、分析城市发展过程中获取的"大数据"，能够为城市规划研究提供新的思路，为城市规划实施提供新的方法。本文从大数据对城市规划思想的影响出发，梳理当前大数据在城市规划领域中的应用现状和不足，提出了大数据背景下城市规划中的研究和发展思路。

---

* 党安荣，陕西佳县人，清华大学教授，博士生导师。主要从事遥感技术与地理信息系统在人居环境、区域规划、城乡规划领域的研究工作。

一　大数据时代城市规划技术方法的思考

《大数据时代：生活、工作与思维的大变革》一书指出：大数据开启了重大的时代转型，改变了人们的生活和理解世界的方式，给人们带来了思维变革[2]。同样，大数据给城市规划领域带来的思想上的冲击，不仅改变了传统城市规划研究和应用中对数据获取、分析以及挖掘的认识，也在改变规划师的思维模式。

（一）基于全样本数据的思维方式

大数据为城市规划带来了全样本数据，而不再是传统意义上的随机样本数据。大数据时代可以分析更多的数据，而不再仅仅依赖传统的实地调研、问卷调查甚至是随机采样。例如获取城市居民日常活动与出行信息，通常要基于随机抽样并采用入户访问与问卷调查的方法，数据由于样本量少、抽样率低而无法真实、全面和客观地反映城市居民活动情况。采用获取出租车全球导航卫星系统（Global Navigation Satellite System，GNSS）定位、移动电话信号、公交 IC 卡刷卡信息等方法就可以获取特定人群的出行全样本数据，进而全面、客观地获取城市居民的出行信息[3,4]。随着高性能数字技术的发展，与局限在小数据范围相比，使用大数据将为城市规划带来更高、更客观的数据覆盖率，规划研究人员甚至可以发掘原样本数据所蕴藏的秘密。

(二) 基于相关关系的数据分析方法

相关关系也许不能准确地预测事件为何会发生，但可以及时提醒事件正在或即将发生。对大数据的分析与研究可以不再热衷于寻找因果关系，而应该寻找事物之间的相关关系，这可以给城市规划提供非常新颖且有价值的观点。例如龙瀛等利用乡镇和街道尺度的"五普"和"六普"人口资料，对一定时期人口密度的空间分布变化进行初步考察，并基于人口密度视角提出城镇化格局的识别指标，进而分析城镇格局的演变特征[5]。尽管要发掘现象背后的原因还很困难，但这种提醒对于城市发展中快速发现特定事物之间的相关关系却显得非常及时和必要。

(三) 基于微观个体的城市空间认知

大数据时代通过对微观个体的居民生活和行为方式的分析，可以科学认识城市职住平衡和城市交通压力现状，进而实现对城市开发方向和规模、城市空间结构布局等合理性的评估。以GNSS、智能手机、互联网等为代表的移动定位采集技术，与GIS、网络地图等数据分析和可视化技术相结合，使对微观个体居民的行为研究更加科学化、精细化。罗勇等基于移动电话定位数据对居民的出行信息进行挖掘和分析，不仅可以获取居民的出行模式和区域的交通量，还可以对区域内居民构成情况和收入水平进行评估[6]。龙瀛等利用公交 IC 卡数据，结合公交线路和公交站点的分布情况，分析了北京居民职住关系和通勤出行特征[7]。

（四）基于数据挖掘的规划洞察技术

传统数据时代由于信息量少，最基本的要求就是确保数据的质量和精度；而大数据时代由于数据量大、来源复杂、类型繁多、优劣掺杂，城市规划研究可以不再热衷于质量和精度，而是关注获取更多的数据和数据之间存在的相关关系，进而发现数据背后所隐藏的联系和规律。例如对社交网络数据进行抓取，可以获取特定人群的粉丝、关注点和好友信息，进而可以分析并构建其虚拟社交网络关系[8,9]。当然这并非要完全放弃数据质量和精确度，而是适当忽略微观层面上的质量和精确度，进而使城市规划师在宏观层面拥有更好的洞察力。

二 大数据时代城市规划编制过程的思考

大数据丰富了城市编制过程中获取数据的来源和类型，实现城市规划编制从"小样本"分析到海量、多源、时空的数据处理与分析，改变了公众参与规划编制的模式，推动了城乡规划决策从"经验决策"向"有限理性决策"的转变。

（一）城市规划数据获取与数据类型的变化

传统规划编制的数据类型主要分为统计数据、调查访谈数据、地理信息数据、规划信息数据四类。其中统计数据由政府和专业机构提供，但普遍存在精度不高、时效性差、针对性不强的问题；调查访谈数据虽然是调查者亲自积累的第一手数据，却受到获取成本高、调查者主观影响、访问规则约束、样本少等限制；地理信息数据主要由具有资质的测绘数据管理部门和数据生产商提供，受到资质、安全、资金等限制，面临不易获取、更新速度慢、数据格式不统一、数据结构复杂、数据量大等缺点；规划信息数据主要由专业规划机构管理，同样存在公开和共享程度低、不易获取的问题。

与传统规划编制数据相比，大数据时代数据获取的来源和类型有了很大的变化，主要包括以下几种数据类型：（1）政府开放数据，包括各种统计数据、经济发展公报、年鉴、人口普查数据、社区等综合数据；（2）网络共享数据，由政府、企业等通过网络给用户提供免费的地理空间数据或者数据服务，例如百度地图、谷歌地图、众源地理空间数据；（3）行业开放数据，例如规划行业中各类规划公示公告、一书三证、规划控制指标；（4）社交媒体数据，从微博、推特等社交网站上抓取的具有SO-

LOMO〔社交化（Social）、本地化（Local）和移动化（Mobile）〕特性的个人用户的签到、点评等数据；（5）智能移动终端数据，从移动终端、公交卡等智能设备上获取车辆和居民的实时位置数据；（6）手机信令，包括手机的定位、通信、归属地等数据。

显然，大数据时代极大地丰富了城市规划获取数据的来源和类型，城市规划编制过程中数据获取的渠道变得通畅，数据的精确性、时效性、全面性得到极大提高，保证了规划编制中前期分析对数据的客观性和全面性的要求，为城市规划的动态评估提供了重要、可靠的参考。

（二）城市规划数据处理与分析技术的进步

伴随着城市规划数据获取来源和类型的拓展，数据处理与分析技术也得到了迅速发展。目前主流技术主要是网络数据挖掘、行为数据采集与分析、地理信息可视化与分析以及开放数据管理与分析四种。

网络数据挖掘主要指用户通过使用"网络爬虫"工具，按照一定规则，在专业网站和社交网络中自动抓取并下载与某一特定主体相关的Web网页、文档、图片、音视频等资源，并通过相应索引技术组织下载资源，以提供最后的查询服务。例如茅明睿通过对新浪微博上北京三家知名规划院用户的粉丝和好友数据进行挖掘，分析三家单位的人脉特征、组织特征和相互联系与影响的情况[10]。

行为数据采集与分析主要针对居民行为活动进行，通过获取其手机、出租车轨迹、公交 IC 卡刷卡等移动定位数据，分析居民的行为与活动规律，进而构建居民同城市空间组织与结构之间的关系。例如冉斌等利用手机定位数据获取手机用户在真实地理空间的活动情况，并分析出城市中居住人口和工作人口的分布情况，其分析结果与当地人口普查数据的宏观偏差在 2% 左右[11]。

地理信息可视化与分析是基于专题地图显示功能，利用 GIS 空间分析功能，对多源数据进行可视化的显示与分析，从而反映城市现象的规律与机制[12]。例如龙瀛等基于北京 2008 年连续一周的公交 IC 卡刷卡数据，结合 2005 年居民出行调查、地块级别的土地利用图，借助 GIS 软件平台，了解公交持卡人的居住地、就业地和通勤出行情况，进而可以评价北京市职住分离的空间差异[13]。

开放数据管理与分析主要是通过获取各种开放数据，对其进行管理与分析，并从中获取所需的信息。例如，鉴于《国民经济和社会发展统计公报》与统计年鉴无法满足土地定级对多维数据的要求，李冠元等以繁华程度、交通条件、环境条件等多维度指标作为商业用地定级因素，在获取地价和地理信息可视化与分析开发强度等数据后，研究多维度指标与地价和开发强度之间的关系后对城镇土地进行定级[14]。

（三）城市规划公众参与过程与模式的变化

公众参与是城市规划理论重要的组成部分，有助于提高城市规划决策的科学性和可实施性。党安荣等以美国费城华埠华人参与反对新建棒球场的城市规划建设为例，指出公众参与城市规划，不仅仅局限于规划决策之前的公共听证环节，只要是政府决定依据存在问题，规划建设的利益相关者都可以积极参与，修正规划部门的疏漏或错误决策[15]。

然而，在现实中公众参与城市规划的效果往往很难达到公众期望的结果，总结原因主要是：（1）公众有效参与城市规划编制的渠道还不通畅，公众对编制方案只能是了解，始终无法根据自己的意见对方案进行调整，使参与过程容易流于形式，缺乏交互；（2）问卷民意调查、问题研讨会、小区会议、法定公开聆听等传统公众参与方式，成本高、周期长、信息利用率低，不能广泛、及时地获取公共意愿；（3）部分市民利益不具有普遍代表性，仅能代表特别利益团体，不具备公众性；（4）城市规划机制尚不能保障社会公众的利益，代表公众利益的市民往往处于"少数服从多数"的被动地位；（5）规划结果与公众利益相冲突时，城市规划法和行政制度的缺失使公众利益无法得到保护[16]。

基于大数据获取和分析的方法与技术推广，改变了公众参与规划编制的模式，极大地弥补了传统公众参与规划存在的不足。规划管理者不仅可以通过对新技术的应用、对大数据的分析更便捷、广泛地获取公众对城市发展的意见，还可以通过搭建城市规划咨询平台让公众参与规划编制，从而改变过去主要由政府和专家的价值判断主导规划的格局。例如 2015 年初武汉市国土资源与规划局打造了"众规平台"网站，推出"环东湖路绿道规划"，通过网络建立社会公众直接参与规划编制的渠道。王鹏利用社交网络、位置服务和移动终端等新媒体工具，对北京"钟鼓楼片儿区"和梅州市"梅州围龙屋"进行关注，通过新浪微博和腾讯微信平台传播和推广社会关注，通过 Web GIS 平台汇聚和发布空间数据，收集公众反馈信息，从而构建了一套完整的基于新媒体平台的城市规划社区公众参与模式[17]。

（四）城市规划决策途径与方式的改变

《国家新型城镇化规划（2014～2020 年）》指出，未来城镇化发展要实现"公共领域"的资源分配符合"公共利益"的价值取向，城市规划的决策者要从"精英"逐步向"大众"转变。大数据的信息整合和公开，为实现规划的大众与民主决策提供了基础，并逐渐推动城乡规划决策从"经验决策"向"有限理性决策"转变。吴一洲等总结我国城市规划实施效果不理想的原因时指出，资源配置的偏向性和多方利益的冲突性是主要原因。

其中偏向性主要体现在公共资源向城市偏向，规划管理结构向精英偏向，管理制度向以政府部门为代表的权力主体偏向；冲突性主要体现在"行政部门间""行政部门内部"利益冲突、部门架构条块分割，其中数据分离、信息不对称、不透明是造成部门间利益分割的重要根源[18]。

大数据时代的城市规划由于能够获取城市发展巨量规模的个体属性及其需求特征，因此为实现"公共利益"导向的城市规划提供了基础。田轲等针对传统公共服务设施专项规划方法适合发展成熟、配套完善的老城区，指导新城规划建设针对性不强的特点，采用大数据"自下而上"的技术方法，获取新区房产注册信息、居民按月用水量、移动通信终端分布数据、交付房产竣工验收数据、历年财政统计数据等，分析新区人口空间分布、人口流动以及住宅空置情况等信息，并以此作为杭州湾新区公共服务设施专项规划编制的依据[19]。

郭理桥等指出我国规划类型众多，相互之间关系复杂，从国家到地方，众多规划重叠、脱节，甚至出现"规划打架"现象。由于众多规划之间存在明显矛盾，往往令地方政府无所适从，规划难以得到有效执行和实施[20]。大数据的信息整合和公开，为城乡规划决策实现跨部门之间的利益协调提供了数据平台。我国新型城镇化建设，要充分利用大数据理念，将各部门的数据通过统一平台进行整合，树立"一个区域、统一空间、统一规划"

的思想，探索从"多规分立"走向"多规融合"，促进各部门协调发展。

三　城市规划应用大数据的关键问题思考

尽管基于大数据的城市规划研究和应用已经取得探索性进展，但在数据公开与共享、数据安全以及数据真实性等方面仍然存在需要进一步思考与解决的问题。

（一）关于数据公开与共享的问题

目前，我国城市规划行业仍然处于缺乏数据公开和共享的局面，受技术、成本、体制等因素的限制，个人和科研机构等很难广泛收集、存储和管理大数据，政府和大型企事业单位仍是大数据的实际拥有者和解读者。随着城市规划行业获取更多、更全面数据的需求日益迫切，公众了解和参与城市规划的意愿和能力日益增强，政府和专业机构需要更多地公开城市规划等相关数据以满足多方面获取数据的强烈要求。2014 年美国总统行政办公室提交给总统的关于大数据发展的内参指出，政府数据是一种国家性资源，必须被广泛地予以公开并为大众所用，并且强调数据公开可以显著提高政府效率、增强政府责任感，促进经济繁荣和社会发展[21]。崔博庶等通过分析纽约、伦敦等四个国际大都市的规划数据公开情况，提出政府部门应主动公开包括城市发展、规划信息等在内的数据，并通过城市信息平台和规划管理部门网站，建立城市规划信息与数据公开方式的平台，实现城市规划行业的数据公开[22]。

政府数据不公开导致城市规划行业无法获得更多所需的数据，但规划信息化过程缺乏整体考虑，使数据在共享过程中出现技术体系不统一、标准规划不统一、应用接口不统一的情况，导致各部门、各应用系统之间数据交换困难，出现大量"信息孤岛"现象[23]。为此，需要构建规划数据资源管理平台，建立规划信息资源共享的标准规范、信息资源的安全协同管理机制，满足信息资源在不同规划部门间共享的问题。

（二）关于数据的安全与隐私的问题

大数据的核心价值在于可以进行多源海量数据的抓取、管理、分析和利用，随着信息技术的快速发展，对个人信息的获取和挖掘将极大地威胁大数据中包含的用户隐私，近年来爆发的"12306网站用户信息泄密""棱镜门""支付宝转账被谷歌抓取"等事件，集中体现了保障大数据安全的重要性。

大数据时代，城乡规划所需要的基础地理信息数据、社会经济发展数据、土地利用数据、专题数据甚至是个人隐私数据等都掌握在以政府、企业、科研单位、互联网站等为代表的大数据管理者手中，如果这些信息不能被妥善保存和管理，而是被滥用，将会给社会和个人带来极大的伤害。另外，诸如个人位置信息、出行计划、路线选择、购物清单与检索内容等大数据研究中被人们广为关注的、与居民日常生活联系紧密的数据，尽管其本身并非用户的精确隐私信息，但在大量收集并被进行深入分析挖掘后，却可以轻易地泄露个人消费习惯、出行规律、政治倾向、业余爱好等相关信息。因此，大数据带来了全新的数据安全问题，但其自身也是解决问题的重要工具和手段，要保障大数据安全，急需加快制定相应政策法规，推动大数据信息技术的快速发展，从而更好地解决数据安全问题。

（三）关于数据质量与失真的问题

大数据的获取途径多种多样，使数据质量和可用性受到质疑。例如，以开放街道地图（Open street map）为代表的开放地理空间数据由于采用基于大众采集并向大众开放的数据共享和更新模式，在城市规划领域越发得到关注和应用，但其数据采集和地图绘制是多由缺乏足够的地理信息知识和有效培训的非专业人士进行的，数据质量和精确度很难得到保证。李建中等认为随着网络和大数据的应用，很多应用可以轻易地从不同数据源中获取信息并以此作为新的大数据，导致劣质数据信息产生和传播的风险达到空前的水平[24]。

此外，在大数据获取过程中无法做到"小数据"的精确性和针对性，使数据分析模型不能完全客观地反映复杂的人类决策过程，只能以有限参数进行推导，容易导致计算和预测结果的失真[25]。事实上，大数据的典型性与代表性也是需要进一步分析确认的。

参考文献

[1] Michael, B., Big Data, Smart Cities and City Planning. Dialogues in Human Geography, 2013, 3 (3): 274 - 279.

[2] Mayer - Schonberger, V., Cukier, K., *Big Data: A Revolution That Will Transform How We Live, Work and Think*. Eamon: 2013.

[3] Edwards, D., Griffin, T., Hayllar, B., et al., Using GPS to Track Tourists Spatial Behaviour in Urban Destinations [EB/OL]. http://ssrn.com/abstract = 1905286.

[4] Liu, Y., Kang, C., Gao, S., et al., "Understanding Intra - urban Trip Patterns from Taxi Trajectory Data", *Journal of Geographical Systems*, 2012, 14 (4): 463 - 483.

[5] 龙瀛：《中国人口密度的时空演变与城镇化空间格局初探：2000～2010》，《城乡治理与规划改革——2014 中国城市规划年会论文集》，2014。

[6] 罗勇、王晏民、张健钦：《基于手机位置数据的居民出行信息挖掘和分析方法研究》，《北京建筑工程学院学报》2012 年第 1 期。

[7] 龙瀛、张宇、崔承印：《利用公交刷卡数据分析北京职住关系和通勤出行》，《地理学报》2012 年第 10 期。

[8] 王波、甄峰、席广亮等：《基于微博用户关系的网络信息地理研究——以新浪微

博为例》，《地理研究》2013 年第 2 期。

［9］ Big Social Predicting Behavior with Big Data ［EB/OL］. https：//us. sogeti. com/wp -
content.

［10］ 茅明睿：《规划师微博人脉特征分析——以北京三大规划院规划师的新浪微博
为例》，《北京规划建设》2013 年第 5 期。

［11］ 冉斌、邱志军、裘炜毅等：《大数据环境下手机定位数据在城市规划中实践》，
《城市时代，协同规划——2013 中国城市规划年会论文集》，2013。

［12］ Goodchild, M. F. , Eds, D. G. J. Geovisualization of Human Activity Patterns Using
3D GIS：A Time - Geographic Approach, *Spatially Integrated Social Science*：*Examples
in Best Practice*. Oxford：Oxford University Press, 2003：1 - 23.

［13］ 龙瀛、崔承印、张宇等：《利用公交一卡通刷卡数据评价北京职住分离的空间差
异》，《多元与包容——2012 中国城市规划年会论文集》，2012。

［14］ 李冠元、章荣：《大数据背景下城镇土地定级方法优化初探》，《城乡治理与规
划改革——2014 中国城市规划年会论文集》，2014。

［15］ 党安荣、王焱：《美国：费城城市规划公众参与案例》，《北京规划建设》2005
年第 6 期。

［16］ 吴可人、华晨：《城市规划中四类利益主体剖析》，《城市规划》2005 年第
11 期。

［17］ 王鹏：《新媒体与城市规划公众参与》，《上海城市规划》2014 年第 5 期。

［18］ 吴一洲、陈前虎：《大数据时代城乡规划决策理念及应用途径》，《规划师》
2014 年第 8 期。

［19］ 田轲、林飞宏、罗双双：《一次以大数据为方法的"自下而上"的规划实
践——以杭州湾新区公共服务设施规划为例》，《城乡治理与规划改革——2014
中国城市规划年会论文集》，2014。

［20］郭理桥：《新型城镇化与基于"一张图"的"多规融合"信息平台》，《城市发展研究》2014 年第 3 期。

［21］Big Data：Seizing Opportunity，Perserving Values ［EB/OL］．WhiteHouse. gov/BigData.

［22］崔博庶、曹娜：《从信息到数据：城市规划数据公开化探索》，《城乡治理与规划改革——2014 中国城市规划年会论文集》，2014。

［23］张翔：《大数据时代城市规划的机遇、挑战与思辨》，《规划师》2014 年第 8 期。

［24］李建中、刘显敏：《大数据的一个重要方面：数据可用性》，《计算机研究与发展》2013 年第 6 期。

［25］Francis，L. A. ，Dancing With Dirty Data Methods for Exploring and Cleaning Data：Casualty Actuarial Society Forum，2005. 03/30/2006.

如何发挥网络舆论在城市建设中的积极作用

段赛民[*]

随着以互联网为基础的信息技术的发展，智慧城市早已不再只是一个理念，而是变成了活生生的实践。互联网不仅在技术层面"连接"着城市中的各个要素，实现了"物"的智能化，而且还极大地影响、塑造着城市中的人，实现着"人"的智能化。广大市民通过互联网参与城市管理和建设，成为智慧城市最为重要的发展动力之一。

一 互联网改变了城市治理的权力结构

传统的中国社会是一个典型的金字塔式的权力结构。中央政府高居塔尖，整个权力自上而下，经地方政府直接施予最基层的

---

* 段赛民，新华网舆情监测分析中心主任。

民众。这种治理模式是一种典型的精英治理模式，政府通过相应的选人用人机制吸纳社会精英，一方面强化了政府的权力；另一方面也使政府在整个社会中长期居于强势地位。在这种治理结构框架内，连接政府与社会的是"民心"。概而言之，中央政府的合法性在"仁政"，本着"天视自我民视，天听自我民听"的原则，秉持"天意民心"督促地方政府把"民本"理念落到实处。最为理想的状态，莫过于中央、地方和百姓各安其位、各守其序。传统权力结构变迁如图1所示。

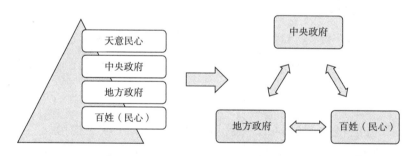

图1　传统权力结构变迁示意

纵观中国历史发展进程，权力成为支配资源分配的重要力量，政府在整个社会发展中长期居于主导地位，几乎发挥着决定性的作用。早在先秦时期，我们的先人就意识到了"防民之口甚于防川"的道理，政治家子产"不毁乡校"也被历代传为佳话。但几千年下来，民意的不彰仍是不争的事实。随着朝代的更替，民意呈现出周期性的高涨与低落，整个社会也呈现出鲜明的治乱循环特征。究其原因，就是民情难以上达，管理者施策无方，进而政策与民意相悖，最终导致社会失序。

这种治理模式及其后果，在我国城市化发展过程中也有案例。个别地方，无视广大市民意见，大拆大建一番。有的城市，从区域中心城市、国家中心城市，到国际化大都市，"定位"不断加码，随之而来的是高楼越来越多，城市越来越大，民众的负担也越来越重；有的城市，无论是历史文化街区，还是市民休闲之所，统统都要给大工程、大项目让位，只见官员政绩，不见市民生活；有的城市，目光短浅，短时间内上马大量项目，结果留下了一大堆烂尾楼、烂尾事，民众福利不增反减；还有的城市，执着于地标性建筑，修建山寨美国白宫、克隆澳大利亚的悉尼歌剧院等，早已在网民中间沦为笑柄。

可喜的是，互联网的兴起与发展，已经并且还将继续改变这种治理模式。依托互联网，特别是新媒体技术的发展和普及，民间舆论场迅速崛起，网民开始在公共事务中发挥越来越重要的作用。互联网极大地拓宽了政民互动的渠道，并且，与以往不同，网民可以绕开中间环节直达决策高层，从而极大地提高了政民互动的效率。近年来，在PM2.5治理、免费午餐计划、劳动教养制度的废除、对贪腐官员的揭露与监督、重大工程项目立项以及重大政策颁布等一系列事件中，网民的力量得到了充分的展现。从整个国家的权力结构来看，原来的金字塔式呈现出向三足鼎立式转向的趋势，代表社会力量的网民随之成为中央政府（决策层）、地方政府（执行层）之外的不可忽视的重要利益攸关方。在城市治理中，网民既是城市治理的对象之一，同时又是城市治理的体验者和监督者。依托互联网，网民可以即时把城市治理的效果反馈给决策者与执行者，对既有的治理方略给予鼓励和修正，从而进一步提高城市治理的科学性和民主性，减少城市治理中的缺陷和问题。

根据中国互联网信息中心（CNNIC）发布的第36次调查报告，截至2015年6月，我国网民规模达6.68亿人，互联网普及率为48.8%；我国手机网民规模达5.94亿人，数量较2014年底进一步增加。可以说，这是互联网影响中国的最鲜明注脚。从城市治理的角度看，数量庞大的网民势必成为智慧城市建设中的一股强大力量，改变着城市治理的权力结构，也改变着城市治理的生态。

二 网络舆论新常态推动网民力量持续壮大

随着互联网的发展以及网民力量的增长，网民已成为影响当下社会发展的重要力量之一。与此同时，由于网络治理手段的相对滞后，网民力量无序增长，不仅扰乱了网民舆论场的健康发展，而且还可能对现实产生不利的影响。近年来，以秦火火、立二拆四等团伙为代表的网络乱象，对冲着网上的健康力量，无助于网民与政府进行有效、有力的互动，使网民在社会发展中的积极作用难以发挥，进而影响政策的实施效果。

正是在这一背景下，自 2013 年 8 月起，政府加大了对互联网的治理力度。从七条底线共识、两高司法解释，到 2014 年的净网行动、扫黄打非、"微信十条"、多场网络社会法治化座谈会讨论，以及 2015 年的"昵称十条"、网络安全法草案等多项治网举措，政府管网治网的决心一以贯之，力度逐步推进，网上清朗之势日明，网络舆论生态呈现出可喜的变化，进入了新常态阶段。

（一）网络舆论从边缘步入中心，并且将继续深度影响现实

国家对互联网以及网络舆论的日益重视，客观上佐证了网民力量的不可小觑。如果说在以微博为标志的自媒体出现并壮大以前，网络舆论在整个舆论场尚处于边缘地位，那么，随着新媒体、移动互联网和媒介融合的发展，网民舆论已经成为整个舆论场的核心，网民影响舆论、参与公共事件的能量进一步增大。网络舆论的重要性，从各级政府的重视程度上也可见一斑。新华网发布的《中国城市与县域网络形象报告（2014）》显示，随着信息化及移动通信技术的发展，微博、微信等新媒体的普及率进一

步提升，越来越多的人习惯于通过移动通信设备获取信息；微博、微信等微平台已成为各级政府发布政务信息、与市民互动的新渠道。在新的城市与县域网络履职绩效评价指标体系中，微博、微信成为与舆情处置并驾齐驱的主要因素，占评价体系比重均为34%。报告中共有政务微博账号7.6万个，政务微信账号约1.1万个，政务微博覆盖人数达6.3亿人次，微博转评数达2.9亿次。政务微信阅读量6482万次，点赞数63万次。网络舆论情况如图2所示。

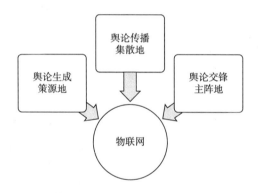

图2　网络舆论新常态推动网民力量持续壮大

（二）政府从管网到治网，网络内生的健康秩序进一步显性化

多年的互联网管理经验教训表明，面对汹涌澎湃的网络舆论，堵不如疏；疏堵结合才是治理互联网的根本出路。此次政府一以贯之的管网治网措施就贯穿着这种思路：一方面，要尊重网

民的创造力，引导网民自发形成健康的网络规则和网络秩序；另一方面，注重政府推动，及时通过法律、法规等手段，把良性的网络规则和网络秩序固定下来，进一步指导网民行为。自 2013年 8 月以来，互联网治理令人瞩目、成绩斐然，依法治网理念得到弘扬，网络空间日渐清朗，正能量网络生态日益形成：在反腐倡廉、环境治理、依法治国、深化改革等多个热门话题方面，网民共识度趋强；主流媒体越来越活跃，在网络舆论场的影响力持续增强；温和中性、理性务实的声音持续挤压网上极端言论的空间，"只站对不站队"等原则受到越来越多网民的认可。对于城市治理而言，网络舆论生态的好转，有助于进一步集纳众多市民的智慧，为突发事件的处置、重大项目的落地、惠民政策的落实、宜居城市的建设提供不小的助益。

（三）网民力量持续壮大，推动社会治理能力现代化

政府管网恰恰源于网民的不可忽视，而从管网到治网的思路转变，势必有效祛除或挤压网络毒瘤滋长、发酵的空间，极大地呵护网络健康力量的成长，推动网民力量的真正壮大。在新常态背景下，衡量网民力量大小的标志也不再局限于声音的大小，自信、包容、建设等将成为网民力量壮大的新元素，使网民作为一个群体整体参与中国社会的深刻变革与利益格局的深度博弈中。以一系列 PX 事件为例，网民反应的变化形象地反映了这一点。

起初，网民几乎谈 PX 色变，"邻避效应"随之而起，类似环境群体性事件也都呈现出"一闹就停"的特征。之后，随着政府以及主流媒体的持续努力，PX 逐步去魅，对 PX 项目"一边倒"的反对之势渐渐消失，并且反对的原因也日趋多元，"一闹就停"的"双输"结果也开始取得网民认同。在广大网民的参与下，问题的焦点从事中、事后更加向事前转移，而新环保法的出台，更是为事情的解决创造了一个难得的契机。

网络舆论场新常态，是多方博弈的结果。网民力量的崛起，既有技术推动的因素，也有网民、社会自身进步的原因。总体上看，这种新常态不是削减而是增强了网民的力量，成为影响社会发展最为重要的因素之一。从城市治理的角度看，在网络舆论新常态下，网民（市民）无疑是智慧城市建设中最为活跃的一分子，对智慧城市建设具有不可忽视的作用。

三 网络舆论在城市建设中扮演的角色

从公共政策的角度看，网民（市民）已经成为决策者、执行者之外的重要一端。作为政策的实施对象和体验对象，网民的参与和反馈对于一个城市的政策落地以及实施效果，重要性不言而喻。在城市建设方面，网络舆论的作用至少包括以下三个方面。

（一）为决策层提供更为丰富的民情，使决策更科学、更反映民意

互联网在把分散的网民连接起来的同时，也把网民的智慧连接了起来。通过互联网，网民可以更加便捷地参与公共事务的讨论，就公共事务发表自己的看法和意见。对于城市建设而言，数量众多的市民依托新媒体积极参与市政建设，势必为城市的决策者提供更为丰富的民情依据，从而减少政策的盲目性，降低摩擦与冲突风险。党的十八届三中全会明确提出"推进国家治理体系和治理能力现代化"，同样为城市治理指明了方向。现代治理的本质特征在于政府与社会对公共事务的共同治理，是政府权力与公民权利的持续互动过程。随着互联网的普及和公民权利意识的高涨，不少城市已经在政民互动方面做出了有益的尝试。2014 年 7 月 3～20 日，北京市发改委就城市公交票价调价向广大市民公开征求意见。统计显示，共有来自各行各业的 24079 人参与了这一建言献策活动，共提出意见建议 40222 条。其中 13188 人在网上提出 15945 条意见建议（地面公交 5512 条、轨道交通 10433 条），10713 人在微信上提出 24099 条意见建议，信函 126 份，传真 25 份，电话 27 个。最后的调价方案充分汲取了网民的意见，为调价方案的顺利实施创造了条件。

（二）对执行环节形成监督，确保决策执行有力、落实到位

好的政策还需要好的落实。如果执行环节出了问题，就像歪嘴的和尚念经，势必把经给念歪了。然而，现实中，良好的政策并不必然与良好的执行相联系，"上有政策、下有对策"就是对这种矛盾极端化的精准描述。网民队伍的壮大，为化解这种矛盾提供了契机。在互联网时代，不但决策者要受到网络舆论的考问，执行者同样不可能置身事外。一方面，决策的上通下达已经非常便捷，执行环节随意解释政策的空间被大大压缩；另一方面，执行好坏直接关系到市民的切身利益，市民可以随时把这种执行情况反馈给执行者和决策者，给执行者胡乱操作带来压力。2015年初，创建全国文明城市领导小组在某市暗访"被盯梢"的消息在网上得以曝光。曝光内容为该市火车站站前地区城市管理行政执法局发出的一则通知，上面写着："现将创城组（创建全国文明城市领导小组）成员照片发给你们，请大家辨认，如发现创城组成员，第一时间将情况上报至各中队长。"网络曝光后，舆论哗然，当地有关部门随之成为舆论关注的对象。这就意味着，执行的工作同样需要"实打实"，也唯有如此，才能经受得起民意的考验，才能让城市建设和市民生活更为紧密地结合起来。

（三）推动线下动员，在公权力不及和不足之处发挥"补位"作用

依托互联网，成千上万的市民不仅在言论层面贡献着自己的思想和聪明才智，而且还积极投身城市发展，成为城市建设中最具活力的一分子，对城市的进步发挥着重要的作用。近年来，在抗灾抢险、社会救助、公民道德建设、社会组织培育等方面，网络的社会动员和社会整合能力都有着不俗的表现。特别是随着改革的持续推进，中国社会面貌和社会结构发生了巨大的变化，网络推动下的社会力量崛起，并已经成为中国城市化进程中不容忽视的一道风景。2013 年 4 月 12 日，网友@陈里在微博发起"待用快餐"公益行动，提倡"富而有爱、贫而有助、待用公益、尊严相助"的爱心理念，吸引了大批志愿者和餐饮单位的跟进。两年多来，"待用快餐"公益活动"已经得到全国 35 个城市 300 多个餐厅积极响应参与，近亿份待用快餐被领用"。而且，除了待用快餐外，"待用饮用水""待用图书""待用理发""待用家政"等多个待用公益项目竞相涌现，"既为那些尚处于困境的人们送去了实际的生存帮助，也为他们带来了一缕心灵暖阳"。当下，待用公益等活动迅速发展，和互联网的普及是分开的，本质上是广大市民参与社会建设的体现，也是城市建设不可或缺的重要组成部分。图 3 显示了互联网带来的公益项目的情况。

图3　互联网促使公益项目涌现

四　发挥网络舆论在城市建设中的积极作用

城镇化，核心是人的城镇化。在大规模推进城镇化建设的背景下，尤其不能忽视"人"这个城市建设的核心要素。除了要借用互联网等先进技术实现"物"的智能化外，重视网络舆论，充分发挥"人"即广大市民在城市建设中的作用，也很重要。

第一，要尊重互联网传播规律，科学管理网络舆情。共享、互动和解构，构成了互联网媒体传播的整合性的三大要素。互联网时代，随着新媒体技术的迅速发展，信息的消费者已经不再单单是消费者，同时也成为网络信息的生产者。以往的专家团队生产内容的模式逐渐向用户生产内容的模式转变，专家专业团队与用户之间的界限越来越模糊。互联网思维之一就是以用户为核心、以需求为导向。在这种形势下，既往的"一对多"的传播模式越来越让位于"多对多"，而信息的充分流动又促进了信息的公开、透明。因此，发挥网络舆论在城市建设中的作用，要充分认识到这一点。城市管理者不是高高在上的发号施令者，而是与网民平等互动的服务员，要善于运用互联网思维梳理网络舆情、收集社情民意。

第二，要用科学方法对网络大数据进行加工分析，使之变成知识化、可用的小数据。当前，面对海量的信息以及越来越庞大的信息生产能力，"大数据"一词已经不再局限于专业圈子，它已成为数以亿计的网民的日常用语之一，大数据思维也随之成为最为时髦的思维方式之一。互联网客观上鼓励每一位网民平等地发言，让每一位市民都成为城市发展的参与者、批评者和检验者。与以往的市民舆论（集中体现为分散的街谈巷议和相对有限的报刊媒体上）不同，网络舆论往往呈现鲜明的大数据特征。对此，城市管理者要善于运用"大数据"思维，运用科学方法对海量信息进行分析整合，从中发现指导实践的"小数据"，通过建立一些指标体系构建一些数据模型，对碎片化的社情民意进行整合，从而帮助政府把握社会发展的走势，助力城市决策者看清未来发展趋向。

第三，要善用新媒体，在互动中传播执政理念。现代治理本质上是民主治理，这就要求政府和民众进行更为有效的互动，政府尤其要善于运用新媒体传播执政理念。以微博、微信为代表的新媒体的兴起，极大地拓宽了广大市民权利表达的渠道，也为政民互动创造了前所未有的机遇。对此，国家有关部门有着十分清醒的认识。2014年8月7日，国家网信办发布了对即时通信工具规范管理的"微信十条"；次日，又召开"积极运用即时通信工具服务社会座谈会"，旨在提高即时通信工具运用的质量。国家网信办还通过下发文件和指标等形式全面推动政务微信公共账号的设立，国务院办公厅也发文要求，加强政府网站信息内容建设，"提升政府网站发布信息、解读信息、回应关切、引导舆论的能力和水平"。这些都是国家有关部门重视民意的体现。对于一个城市而言，城市管理者经营好政府网站以及政务新媒体，以更接地气的话语与网民沟通互动，以更便捷的方式服务网民，是推进城市现代化和智慧城市建设的题中应有之义。

第四，要重视青年群体，影响和引导他们积极参与城市建设。根据中国互联网信息中心发布的第36次调查报告，20～39岁年龄段的网民所占比例高达54.6%，其中，20～29岁年龄段的网民占比为31.4%。此外，20岁以下的网民占比又高于40岁以上的网民。青年群体无疑是而且将持续是网民的主力，同时也将是网络舆论的主要生产者和消费者。发挥网络舆论在城市治理中的作用，就不能忽视占半数以上的青年群体，就要正视在互联网时代背景下成长起来的青年的心理需求、运思特点、言说方式、行为方式等。这就要求城市管理者重视网络时代的青年，认真研究青年群体在网上的表现，引导和帮助青年群体积极参与公共事务和城市建设，让他们在城市发展中找到自身位置，实现自身价值。

点评三

张车伟[*]

　　非常高兴参加今天的智慧城市论坛，首先我想谈谈粗浅的认识。什么是绿色智慧城市呢？按照我的理解，应该是以智能化、数字化为前提的一个城市框架。近20年来，中国发展异常迅速。我记得十几年前在美国的时候，当时美国信用卡非常流行，而当时中国还没有这样的概念，有一个人有信用卡，就觉得他好像是很高端的人士。今天再看看数字化水平，中国的信用卡普及得很快，普通人都在使用，智能化水平也大幅度地提高，中国在这个意义上来讲是不是也在和发达国家发展的差距大大地缩小呢？像数据的获取以及信息化的水平，甚至国家卫星遥感的应用，作为发展中国家，我觉得我国的技术肯定是领先的，和其他发达国家

---

　　* 张车伟，河南人，中国社会科学院人口与劳动经济研究所所长，研究员、博士生导师。

相比也并不落后，为下一步建设绿色智慧城市提供了非常好的基础。

我又想，是不是数字化的智慧城市就是绿色智慧城市呢？恐怕也不是。关于智慧城市这个词，恐怕还是应该有智慧，即非常聪明的意思。第一，规划应该是智慧的，在这方面现今的绿色智慧城市建设还有很大的差距。例如北京市，类似于回龙观这样的社区规划现在看来并不明智，但是规划之时并没有意识到，因此如何更好地规划城市，让城市建设得更加聪明，这是非常重要的。第二，城市建设应该有智慧，大拆大建意味着不聪明。浪费，也不是智慧的做法。第三，管理，如果管理不聪明，社会秩序就会混乱。第四，智慧城市还应该是居民素质比较高的城市，现今闯红灯、乱过马路等事情一直存在，不提高居民的素质，智慧城市建设恐怕也很难实现。

点评四

陈阳波 [*]

此次到会，我有三个体会与一个感受。三个体会，首先是高兴，非常荣幸能够参与这次智慧城市论坛。其次是高端，今天来的各位专家领导的发言使我受益匪浅。最后是高见，听了以上专家的演讲和高见，我需要慢慢地体会。

今天上午专家们从信息化、科技的层面对城市建设进行了前沿性、前瞻性的研究，我听了以后，有一个特别重要的感受。作为一个在城市生活的人，到底智慧城市的精神或者说它的魂是什么呢？我认为只有将二者结合起来，才能够真正实现智慧城市研究的系统化。一个智慧城市，我的感受就是生活在其中的人们应该更方便、更健康、更快乐，但是对于生活在北京的人普遍有一个感受：辛苦、焦虑，环境污染严重。智慧城市最核心的问题就

*　陈阳波，人民论坛副总编辑、人民论坛网总编辑。

是它的软实力，是它的治理体系与治理能力现代化的问题，这个问题刚好在十八届三中全会上已经提出来了，总目标就是推进国家治理体系与治理能力的现代化。城市治理体系与治理能力的现代化是国家治理体系与治理能力现代化中最核心、最重要的。所以，在智慧城市的研究与实践当中，如何真正从治理体系与治理能力现代化的角度去深入研究，也是亟待开启的课题。这是我最大的感受。

点评五

陈柳钦[*]

我从事了十几年的城市研究，对中国社会科学院城市发展与环境研究所情有独钟，今天能参加城市论坛非常激动。刚才认真聆听了各位嘉宾的演讲，他们谈到的都是现代城市发展和城市建设的前沿问题，也是现在国家、党和人民非常关注的问题，比如智慧城市的问题，包括习近平总书记和李克强总理在各种讲话场所谈到的新型城镇化。通过智慧城市助力新型城镇化，这是一个很高尚、很体面的方式方法。因为新型城镇化本身就有别于传统的城镇化，加上智慧城市助力新型城镇化，更高尚、更体面。至于网络舆情，也是一个热点问题，习近平总书记在很多场所也谈到过，互联互通都是我们非常熟悉的，它的一个重点就是互

* 陈柳钦，湖南邵东县人，《中国城市报》副主编，研究员，研究方向为产业经济、城市经济与能源经济。

联网。

所谓互联互通也好，智慧城市也好，新型城镇化也好，网络舆情也好，如果将这些融为一体，那么在城市发展的过程中就能形成立体的、空间的，即像古诗词中所说的"横看成岭侧成峰"的新型城镇化路径。城市的成功就是国家的成功，中国梦的实现有赖于城市梦的实现，城市梦的实现有赖于城市和环境研究者和城市环境的建设者，城市与环境的管理者以及城市环境的舆情传播者。

我国智慧城市建设若干问题的思考

楚天骄[*]

楚天骄[*]

一　引言

当前，我国正在掀起智慧城市建设热潮。截至 2013 年 9 月，我国已经有超过 311 个城市提出或正在建设智慧城市，包括所有副省级以上城市、89% 的地级及以上城市以及 47% 的县级及以上城市。"十二五"期间，我国智慧城市建设计划投资规模预计超过 1.6 万亿元。为了促进和引导智慧城市的健康发展，相关国家部委出台了多份文件给予指导。2014 年 3 月，国务院印发《国家新型城镇化规划（2014～2020 年)》；2014 年 8 月，国家发改委、工信部、科技部、公安部、财政部、国土部、住建部、交通部八部委联合印发《关于促进智慧城市健康发展的指导意

* 楚天骄，河南郑州人，中国浦东干部学院教授。

见》，要求各地区、各有关部门认真落实该指导意见提出的各项
任务，确保智慧城市建设健康有序推进。

智慧城市建设为我国形成新的经济增长极、提高治理体系和
治理能力的现代化水平提供了难得的机遇，但同时也必须清醒地
看到，智慧城市建设具有投资巨大、系统构成复杂、涉及领域
多、安全要求高等特点，一旦投资失误，轻则造成高额的资金浪
费，重则为城市有序发展和城市安全埋下重大隐患。即使是已经
成功建设的项目，也有可能由于运营成本高和缺乏有效的运营模
式而使城市背上沉重的运营维护成本包袱。因此，面对智慧城市
建设的热潮，必须保持清醒的认识，并积极思考合理的解决方
案，以保证智慧城市建设真正发挥应有的作用。

本文以中国浦东干部学院受训学员为调查和访谈对象，系统
了解了我国地方官员对智慧城市的理解，以及在工作实践中遇到
的问题，并针对这些问题探讨了应对思路与策略。

二 我国智慧城市建设中存在的问题

问题一：内涵理解混乱，思想准备不足

当前，社会各界对智慧城市的内涵和本质认识不清，跟风和
概念炒作现象严重，智慧城市建设的随意性较高，风险难控。地
方政府在智慧城市认识上主要存在四个误区。第一个误区是将智

慧城市建设仅仅作为招商引资的手段或政绩工程，不顾及自身特点和条件，盲目建设软件产业基地、云数据中心，将云计算、物联网等新兴产业变相发展为房地产业，园区空壳化现象严重。第二个误区是将智慧城市简单理解为新一轮信息化发展，认为智慧城市建设属于信息技术范畴，主要应由经济和信息化主管部门负责，其他部门配合即可。持这种观点的城市还认为采用的信息技术越先进越好，一味追求新技术的应用规划，让技术牵着智慧城市建设的鼻子走，此举可能导致建设结果与实际需求相距甚远、与城市发展特定阶段需求不相吻合，最终造成资金浪费，背离了智慧城市建设的本质。第三个误区是认为智慧城市就是技术厂商解决方案的简单堆砌，千篇一律地建设智能交通、智慧医疗、城市运营中心、智慧基础设施等，把城市变成国外技术厂商推广项目的试验场，脱离了智慧城市建设以人为本的出发点。第四个误区是认为智慧城市建设就是传统城市建设的智慧化。不可否认，智慧城市建设首先面临的是城市的基础设施建设，但传统的城市建设基本上是旧城改造和新城建设，这只是智慧城市建设的一个方面，更多的还需要对城市管理和运行进行智能化建设和智慧化改造，从城市智慧管理角度进行信息收集、存储、管理、应用等，大兴土木式的建设方式不是智慧城市建设的正确方法。如果仍将智慧城市建设作为"纪念碑"式的"政绩工程"和"形象工程"，智慧城市建设仍沿着传统城市建设重硬件、轻软件的老路子进行，就会只注重新技术的引入和新设备、新硬件的建设投入，将传统信息化工程贴上"智慧"的标签进行包装，而疏于关注智慧应用的实际效用和服务效果。

问题二：部门多头推进，统筹协调不足

一方面，表现为国务院各部委分头推进，缺乏统筹协调机制。各部委分别进行了大量智慧城市建设试点工作。例如，2013年，住建部分两批选择了192个城市开展智慧城市试点；科技部和国家标准委启动了20个城市开展智慧城市试点示范；工信部首批公布68个国家信息消费试点城市，涉及智慧城市建设内容；国家发改委等12个部门联合发布遴选"信息惠民"国家示范省市同样涉及智慧城市建设内容；国家旅游局将2014年定为"智慧旅游年"；等等。国家各部门对智慧城市的建设思路、标准和政策意见各有侧重，部门之间缺乏协调、沟通，地方政府面对多条线上的试点示范和不同的标准规范，较难判断和选择，纵向指令过多也使城市内难以形成各部门齐心协力和资源整合局面。例如，各部委的智慧城市建设要求到了地方后，只能按照主管部门要求进行安排，一些地方原有的部门间协调机制被打破，统筹难度加大。

另一方面，表现为缺乏顶层设计，陷入信息化发展老路。在组织管理层面上，突出表现为现行城市管理体制机制创新滞后，"数据割据"现象严重影响了智慧城市的发展。智慧城市建设的重心是数据资源的建设和整合，需要将处在不同部门、不同行业、不同系统、不同数据格式之间的海量数据进行融合和互用，形成新的支持决策的数据源。数据资源建设是智慧城市建设的重点，没有数据就没有智慧产生的根源，就没有构架在数据整合开发基础上的智慧决策。智慧城市建设中信息流将成为城市运转的"血液"。在智慧城市建设中硬件是支撑，海量数据是基础，数据的融合、开发是核心，激发城市信息化活力是智慧城市建设的方向。但是，在现行的"条块分割"式的管理体制下，城市各部门、各行业都自成体系，并且大多独立地开展智慧城市相关信息基础设施建设和智慧应用系统建设。不少城市的智慧城市处于"有规划、无设计"的状态，信息资源公开和共享缺乏制度规范，相关政府部门、企事业单位之间依然各自为政，部门与部门之间、部门与社会之间协同配合困难。一些跨部门、跨行业的项目无具体牵头协调单位而难以得到资金保障和支持，智慧城市建设依然沿袭满足单个部门的管理需求为主的信息系统建设老路，无法形成对市民、企业诉求快速、协同、联动的响应机制和智慧化服务方式。在缺乏统筹规划、统一组织的情况下，城市各部门、各行业彼此之间很难形成有效互通、资源共享的信息网络体系。长此以往，必将形成新的"信息孤岛"、"应用孤岛"和"数据割据"，从而严重妨碍智慧城市整体建设目标的实现。

问题三：政府主导，各方参与不足

据不完全统计，住建部启动的两批试点共设置重点项目2100余项，平均每个试点10项，主要集中在城市公共信息平台（公共基础数据库）、智慧水务、智慧交通、智慧城管、地下管线、智慧能源、智慧医疗、智慧园区等领域，建设周期为3~5年。项目资金来源中，财政投资占25%，银行贷款占25%，自筹占11%，社会资金占39%，年度政府财政投入与期初财政收入比为1%~5%。大部分项目建设和运营采用政府购买服务模式，以此吸引社会资本投入。各级政府以财政投资支持智慧城市建设，短期效果明显，但是如果一些项目不能转化为有利于公众、社会、经济的正能量，不能以市场经济的运作方式实现投资与回报的平衡，一旦政府的财政资金难以为继，那么短期内智慧城市带给百姓的福祉将很快随着资金链的中断而中途夭折。如果智慧城市的建设模式缺乏可持续性，没有合适的商业模式，智慧城市就会成为昙花一现、空中楼阁、无根之木。

问题四：信息权属不清，制度建设不足

智慧城市是建立在高度发达的信息技术之上的，而信息技术的发展也面临着越来越严峻的信息安全的挑战。由于对各类共享信息资源的管理缺乏统一的法律依据，侵犯公民隐私权和信息泄露的事件时有发生。在目前的信息化环境中，手机运营商掌握着消费者实时通信信息和行踪；银行业和旅店业掌握着消费者的资

金流向和旅行信息；监视器记录着人们的一举一动；智能家居会将使用者的生活细节暴露在网络之上……个人的身份信息也面临着被盗取、被伪造等危险，已经没有任何一个单一机构和单一方法能够独立完成多维世界的身份管理。因此，以协作为主流的智慧城市信息化已经颠覆了以保护为主流的信息化，亟须针对当前的信息化特点制定新的法律法规，构建社会协作参与的信息安全体系。

问题五：缺乏核心技术，自主意识不足

目前，我国智慧城市建设所需的核心技术和关键产品主要依赖国外，潜在的信息安全和产业安全隐患十分突出。智慧城市建设涉及各领域的智能化应用，在城市管理和运行过程中，每时每刻产生的大数据，是一个城市乃至国家的重要资源，其中更有涉及国家安全的战略性信息资源，确保这些信息资源的安全尤其重要。但是，我国各地开展的智慧城市建设，大量采用国外的核心技术和关键产品，有些城市甚至打算直接依托国外厂商建设城市重要领域的信息系统，这无异于将自己的核心资源都存储在别人的仓库里，信息安全的潜在风险极大。特别是某些国外企业在我国发展智慧城市的进程中，竭力抢夺我国智慧城市技术和产业主导权，遏制我国相关产业的创新发展。这些无疑都将给我国的国家安全、产业安全和社会安全带来巨大的隐患。

问题六：忽视信息安全，防范能力不足

有些城市只重视信息化建设，而忽视城市信息安全保障体系建设，关键信息基础设施和要害信息系统防护能力不足，存在严重的信息安全风险。海量数据的搜集和存储，信息与网络乃至应用终端的安全问题均比一般互联网的信息安全问题要多，存在诸如恶意网络攻击、城市管理信息泄密、个人信息泄密、业务连续性和灾难恢复的安全威胁等问题。这些安全问题需要在智慧城市建设中全面考虑。如果智慧城市应用出现运行问题，或者遭遇大的自然灾害，城市的运行和管理将遭受重大打击，极大地影响市民的正常生活，还可能给社会稳定、经济利益甚至国家安全带来威胁，因此必须加倍重视与小心务实应对。智慧城市建设初期对信息安全的关注应该是重中之重，也是难点所在。

问题七：评价标准欠缺，评估机制不足

各地在开展智慧城市建设的过程中，盲目追求"高大上"，缺乏对城市自身特色的研究，缺乏解决制约城市发展的关键问题的智慧，应用效果普遍不够理想。目前多数开展智慧城市建设的区域，在相关行动计划、发展规划、顶层设计中缺乏自身的特色，花重金建设智慧交通、智慧社区、智慧政务、智慧民生等工程，并未真正结合城市自身的客观实际和关键需求，特别是未从"以人为本，民生优先"的原则出发，提出自己独具特色的智慧

城市建设方案，其结果必然是应用脱离城市发展的实际、脱离人民群众需要，并最终使应用效果大打折扣，难以达到预期目的。国家尚未形成统一的评估指标和评估方法，难以发挥评估工作的指挥棒作用。

三　促进我国智慧城市健康发展的建议

1. 加强教育培训，统一智慧城市认识

建设智慧城市，首先是一个新理念的认识和普及过程，是一个通过顶层设计实现城市可持续发展的过程，是一个科学地使用新技术手段不断解决城市发展中的问题、提高城市资源利用效率和管理水平的过程，是一个由技术创新带来社会创新、提高全社会创新能力的过程，加强教育培训在这个过程中具有不容忽视的作用。在相当程度上，智慧城市建设推进的速度和取得的效果取决于参与者是否形成了基本的共识和共同的愿景，是否愿意参与建设过程，促进而不是阻碍其发展进程。从这个意义上讲，统一认识十分必要。通过干部教育培训，让城市的决策者和政策制定者率先从理论方面正确认识智慧城市，从实践方面积极分享典型案例，从行动方面形成主动推动实际工作的愿望，将是智慧城市建设顺利推进的基本保证。

2. 做好顶层设计，加强统筹协调

一是国家应确认一个部门作为智慧城市建设的总牵头单位，协调各部门工作。经过近 5 年的试点实践，原来由工业与信息化部、科技部、公安部、住房城乡建设部、交通运输部、国土资源部、国家测绘地信局、国家旅游局等不同部门分头推进试点的工作格局，已经不适应这项工作深入发展的需要。大数据时代特别依赖数据的采集与整合，城市智慧功能的发挥特别需要不同部门间工作的协同与整合，政出多门进化为政出一门、分头负责势在必行。二是制定国家智慧城市建设总体战略。最主要的是确立智慧城市建设的内容框架，目前不同的试点城市各有各的思路，不同部门的侧重点也不一样，使整个试点工作呈现"碎片化"状态。同时，对人口、经济规模不同的城市也应提出既有共性又有差别的智慧城市建设目标范围，并给每座城市留下足够的空间发挥其自主性。三是避免技术导向，以现状与需求为基础。首先进行城市现状分析，根据现状和实际需求设定目标并进行设计，既要看到眼前的建设需要，更要看到长远的建设要求；既要尊重技术厂商的建议，也要清楚了解城市百姓对智慧城市的期望。除了要依靠已有的建设经验外，还要虚心吸取其他国家和地区的智慧城市建设经验。

3. 创新建设模式，善用市场之手

积极探索政府、市场在智慧城市建设与运营中的作用和定位，创新有效的、可持续的运营模式。要处理好政府和市场的关系，充分发挥市场在资源配置中的决定性作用，能由市场完成的事政府绝对不包揽；市场做不了的事，政府要坚决顶上去，更好地发挥政府作用。政府宜本着积极而有选择的工作原则，把重点放在制度建设与监督管理上，鼓励、激励企业发挥市场主体作用，不断进行技术创新和商业模式创新。

4. 借鉴国外经验，健全法律制度

智慧城市建设是项全新的工作，我国在这方面的法律制度尚不健全，特别是数据的采集、数据所有权与使用权，涉及公民和法人的各种权益，亟须法律做出规定；政府、公司和个人的义务与权益有哪些，需要用法律制度加以明确。一方面，应尽快制定信息开放共享与应用协同的管理办法，促进信息开发、共享和利用，另一方面，还应加快制定与公民个人信息和数据保护相关的法律法规，保障市民在医疗、政务等信息开放和共享过程中的个人隐私，积极营造良好的政策法规环境。美国、新加坡等国家在这方面走在前面，可以研究借鉴。

5. 加快技术开发，掌握核心科技

加快智慧城市建设的技术开发，确保自己掌握软硬件核心技术。就全球来说，智慧城市建设方兴未艾，无论是信息基础设施技术，还是基于物联网、云计算、移动互联网、下一代通信技术、大数据等技术平台上的各种应用技术开发，都需要加强对其研究开发与应用的支持力度，努力培育和完善产业集群，并结合扩大信息化消费的政策要求，以市场需求引导和激励技术创新。

6. 科学比对方案，做好安全防范

切实做好信息安全防范工作。要保证信息平台上的数据是安全的，不会轻易被未经授权者使用。更为重要的是，试点城市大量使用外国公司的设备与解决方案，软硬件技术都在别人手里，安全隐患很大。应集中力量进行技术攻关，掌握更多的原创技术。要从长计议，在智慧城市建设中引入不同企业，不同领域由不同企业建设，防止一个城市的全部数据或大部分数据掌握在一个企业手中，以免留下特定企业通过掌握的数据或其技术力量绑架一座城市的后患。

7. 探索评估机制，引导政府行为

努力探索智慧城市建设绩效评估机制，防止一味追求大而

全、小而全，一味追求最先进、最完美，要测算建设投入产出
比。智慧城市建设要务实，不可华而不实，设备技术以能够满足
需求为依据，减少浪费，特别是政府投资的设备，应俭朴实用，
切忌把智慧城市建设搞成"政绩工程""面子工程"。

电子商务跨越数字鸿沟和实现数字红利

荆林波[*]

一　关注数字鸿沟

过去中国存在三大差别：城乡差别、工农差别、脑体差别，如今又将面临一个更为残酷的现实，即数字差别。如何跨越城乡之间的数字差别，实现数字红利，是一个令人深省的问题。农村网民数量的快速增长已经成为促进互联网网民总量增长最重要的动力。截至2013年底，网民之中农村人口的占比达到28.6%，是历年来最高的一次。由于城镇化率在提高，因此农村的人口数量在下降，鉴于此，农村网民数量的相对增长率还是比较高的。图1显示了城镇和农村网民网络购物情况。

* 荆林波，经济学博士，中国社会科学院评价中心主任，研究员，博士生导师。

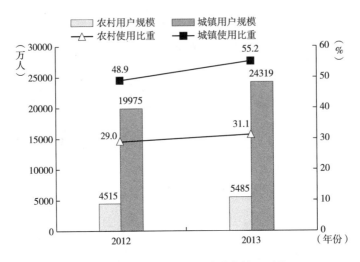

图1　城镇和农村网民网络购物情况对比

农村网民和城镇网民上网，其目的是截然不同的，如表1所示。

表1　2013年农村网民的网络应用情况

应用类别	应用细项	农村使用率（%）	城镇使用率（%）	差异（百分点）
信息获取类	搜索	70.5	82.8	−12.3
网络娱乐	网络音乐	66.9	77.3	−10.4
	网络视频	55.0	74.4	−19.4
	网络游戏	46.7	58.4	−11.7
	网络文字	37.5	47.6	−10.1
商务交易	网络购物	31.1	55.2	−24.1
	网上支付	25.7	47.9	−22.2
	网上银行	25.4	45.8	−20.4
	旅行预订	22.1	31.8	−9.7
	团购	15.2	25.4	−10.2
	网上炒股或炒基金	1.1	6.9	−5.8

应用类别	应用细项	农村使用率（%）	城镇使用率（%）	差异（百分点）
	即时通信	86.0	86.3	-0.3
	博客/个人空间	70.5	70.9	-0.4
交流沟通	微博	35.2	49.1	-13.9
	电子邮件	23.0	48.6	-25.6
	论坛和 BBS	14.4	21.3	-6.9

　　农民上网最主要的目的可以分为三大类：第一类是网络娱乐；第二类是商务交易；第三类是交流沟通。在这些方面，城乡之间的差距也是比较大的。例如，在网络购物方面，城乡网民网络购物的差距多达 24.1 个百分点；而即时通信方面，城乡之间的差距几乎可以忽略不计，仅为 0.3 个百分点。这说明广大农村地区的农民基本享受了即时通信服务。至于网络购物的情况，截至 2013 年底，农民网络购物所占比重为 31.1%，比上年增加了 2.1 个百分点，用户规模为 5484 万人，增加了 970 万人，这表明农民网络购物的潜力较大。

　　淘宝村就是网络购物的产物。现今在中国已经有了成百上千家淘宝村，接受网购的农民占农村网民的 84.41%。究其原因，当前广大农村地区的商业环境和商业设施不尽完善，使得广大农民更多地通过网购来满足购物需求。

　　图 2 显示了中国网民的职业结构。

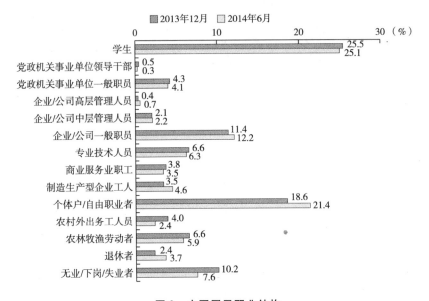

图 2 中国网民职业结构

资料来源：中国互联网络发展状况统计调查，2014。

二 农村电子商务的模式

近年来，国内的互联网电子商务出现了几种新模式。第一种模式是苏北的沙集模式，它于 2006 年开始兴起，到 2013 年，短短 7 年时间，整个沙集镇的销售额已经达到 5 亿元，在全国 8 个省份的 14 个淘宝村中居首位。从传统意义上讲，偏远山区本不会发生这样一场购物方式的革命，但现在已经发生了很大的变化。

第二种模式以丽水模式或者遂昌模式为代表，利用集中供销合作社平台帮助广大农民实现网络销售，不需要家家户户都有电脑，也不需要所有人都懂电子商务，从物流到网上信息传送、配对交易、支付、回款等，均由一个综合的服务站完成，很好地解决了整个电商进村最后 1 公里甚至最后 100 米的问题，这种模式现在推广得比较好。

第三种模式以京东 B2C 网商为代表，京东在全国有 1 万家便利店进军农村市场开展 O2O 电子商务。

第四种模式的代表是不断推进跨越数字鸿沟的阿里巴巴。2014 年阿里巴巴淘宝上的农产品销售额约为 500 亿元。阿里巴巴将在未来 3 ~ 5 年拿出 100 亿元用于全国 1000 个县级淘宝店运行中心的投资建设，并拓展 10 万个村级淘宝服务站，覆盖全国 1/3 的县和 1/6 的农村地区。

三 三个层面的问题

用数字技术拓展农村市场面临三个问题：一是农产品的销售问题；二是生活消费品如何进村的问题；三是怎样将种子、化肥安全地运输到农村的问题。这三个问题本质上是如何将售前、售中、售后构建为一个完整的价值链的问题。

现在的生产、生活、娱乐、教育、政务已经可以通过网络来实现。全网互动、全流程信息交互，避免了过去建设中存在的重复与浪费问题。比如，贵州农经网通过垂直体系在省、市、县、乡镇进行流动网络的建设，利用配备电子大屏幕的宣传车，走街串巷推广产品和服务，工作做得非常细致，而且配有全方位的考核体系。

中国的互联网平台将走向垂直化，未来要打破城乡数字鸿沟，必须使成千上万的农户加入互联网建设中。通过互联网电子商务平台，让他们在该平台上销售产品，从而享受互联网发展带来的红利。在构建国家治理体系和治理能力现代化的过程中，县域经济治理极为重要的一点就是构建数字化的电子商务体系，帮助广大农民跨越数字鸿沟。

钱学森的城市学思想及其在杭州的实践

邵　莹*

钱学森作为 20 世纪的科学巨匠，在晚年从复杂巨系统的理念出发对城市问题进行了深入的思考，形成了一系列独具匠心、发人深省的城市学思想。结合 21 世纪以来杭州城市发展历程，我们可以发现，杭州城市的规划、建设、管理、运营等很多方面充分体现与践行了钱学森的城市学思想。

一　钱学森论 "系统科学与城市学"

（一）要建立一门作为应用理论科学来研究的城市学

钱学森 1985 年发表的《关于建立城市学的设想》一文认为："城市学是一门应用的理论科学，它不是基础科学，或者说

---

*　邵莹，杭州城市学研究会成员。

是一种技术科学，不是基础理论……城市学是研究城市本身的，它不是什么乡村社会学、城市社会学等等，而是城市的科学，是城市的科学理论。有了城市学，城市的发展规划就可以有根据了……城市学是城市规划的一个理论基础，所以它是属于技术科学与应用科学类型的学问。它比城市规划就更理论一些，但与许多社会科学与自然科学的基础科学比较起来，它又是应用的，所以它是中间层次的。"①

我们认为，城市学是城市科学的核心学科，但它不是城市科学本身。城市科学是研究城市的学科群体，而城市学是独立的综合性学科，它包含在城市科学群之内，是一个牵头学科。据统计，城市科学群有30多个独立学科，既有自然科学学科，如城市建筑学、城市地理学、城市规划学、城市园林学、城市设计学、城市生态学，也有社会科学学科，如城市社会学、城市经济学、城市管理学、城市人口学等。当然，城市学是一个牵头学科、核心学科，并不意味着城市学是某些学科内容的叠加或混合，更不是大杂烩式的城市研究成果拼盘。

（二）城市是一个复杂的巨系统，要用系统科学的观念与综合集成的方法来研究城市

在《一个科学新领域——开放的复杂巨系统及其方法论》

---

① 转引自鲍世行主编《钱学森论山水城市》，中国建筑工业出版社，2010，第18页。

一文中，钱学森等提出："根据组成系统的子系统以及子系统种类的多少和它们之间关联关系的复杂程度，可把系统分为简单系统和巨系统两大类。简单系统是指组成系统的子系统数量比较少，它们之间关系自然比较单纯。某些非生命系统，如一台测量仪器，这就是小系统。若子系统数量非常大（如成千上万、上百亿、万亿），则称作巨系统。若巨系统中子系统种类不太多（几种、几十种），且它们之间关联关系又比较简单，就称作简单巨系统，如激光系统。如果子系统种类很多并有层次结构，它们之间关联关系又很复杂，这就是复杂巨系统。如果这个系统又是开放的，就称作开放的复杂巨系统。例如，生物体系统、人脑系统、人体系统、地理系统（包括生态系统）、社会系统、星系系统等，这些系统无论在结构、功能、行为和演化方面，都很复杂，以至于到今天，还有大量的问题，我们并不清楚……实践已经证明，现在能用的、惟一能有效处理开放的复杂巨系统（包括社会系统）的方法，就是定性定量相结合的综合集成方法……在这些研究和应用中，通常是科学理论、经验知识和专家判断力相结合，提出经验性假设（判断或猜想）；而这些经验性假设不能用严谨的科学方式加以证明，往往是定性的认识，但可用经验性数据和资料以及几十、几百、上千个参数的模型对其确实性进行检测；而这些模型也必须建立在经验和对系统的实际理解上，经过定量计算，通过反复对比，最后形成结论；而这样的结论就是我们在现阶段认识客观事物所能达到的最佳结论，是从定性上升到定量的认识。定性定量相结合的综合集成方法，就其实质而言，是将专家群体（各种有关的专家）、数据和各种信息与计算机技术有机结合起来，把各种学科的科学理论和人的经验知识结合起来。"①

基于对钱学森城市学思想的研究，综合国内外城市科学理论研究成果，我们认为，城市学是一门从整体上研究城市产生、运行和发展的综合性学科，也是一门统领城市科学各分支学科的新兴学科。从某种意义上讲，城市学既是"城市系统学"，又是"城市生命学"。之所以说它是"城市系统学"，是因为城市是一个自我组织、自我调节的"巨系统"，是自然、城、人形成的共生共荣的"综合体"。因此，进行城市学研究必须着眼于城市的整体性和系统性来全面把握城市经济、政治、文化、社会、环境各领域及其相互联系。之所以说它是"城市生命学"，是因为城市是一个有机的"生命体"，有起源、有发展、有演变、有兴衰，也有人文精神、有性格特征、有文化意蕴、有个性魅力，有其自身发展的内在规律，有自己的生命信息和"遗传密码"。正因为生命不同、精神不同、个性不同、文化不同，才创造了一个

---

① 钱学森、于景元、戴汝为：《一个科学新领域——开放的复杂巨系统及其方法论》，《自然杂志》1990 年第 1 期。

个鲜活的城市。通过城市学研究，我们可以感受城市的生命存在，分辨城市的生命容颜，把握城市的生命脉搏，识别城市的性格差异，倾听城市的情感诉求，捕捉城市的精神意象，进而发现、把握、应用城市的生命信息和"遗传密码"。

（三）研究城市、规划城市必须着眼于基于科技革命的生产力的发展

在《关于建立城市学的设想》一文中，钱学森揭示了经济发展、生产力发展与城市发展的相互关系。钱学森认为："所谓城市，也就是人民的居住点或区域，也就是大大小小的人民聚集点形成的结构，这种结构是由人的社会活动需要形成的。不同的时代，生产力和生产关系不一样，这样的结构也是不一样的。所以说，影响这种结构的基本力量是生产力。当然，生产力的发展也是受社会制度的影响的，上层建筑反回来又会影响基础。从这样一个认识出发，我觉得我们今天研究城市学必须看到生产力的发展，而且为了搞好规划，还不能够光看到今天生产力的发展，还要看到现在的科学革命、技术革命会导致什么样的生产力发展，也就是说看看这些发展到 21 世纪将会如何。"

杭州在城市学研究与实践中提出的"转变城市发展方式和转变经济发展方式两手抓"的理念，就是对钱学森生产力发展与城市发展观点的一个诠释。杭州在研究如何落实中央提出的加快经

济发展方式转变战略部署时，强调在关注经济发展方式转变的同时，必须高度关注城市发展方式的转变，这是非常重要的理念和思路。从某种意义上讲，对于像杭州这样处在城市化加速期的大型城市而言，推进城市发展方式转变，无疑是经济发展方式转变的基础。如果没有这个基础，经济发展方式转变就无从谈起，甚至会走进死胡同。只有把两个发展方式转变一起抓，才能做到事半功倍；如果把两个发展方式转变割裂开来，必然是事倍功半。

（四）城市学要研究整个国家的城市问题、整个国家的城市体系

钱学森指出："我国城市的体系可分为这么四个层次，最小的是集镇，数目最多，有几万个；往上是县城，有 100～2000个；然后是中心城市，人口几十万，全国有百十来个；最后是大城市，人口在 100 万以上，全国有 20～30 个，如果说还有第五级，那就是首都。所以城市学要考虑的问题，必须包括现代科学技术的发展，生产力的发展，我国逐步走向从集镇到大的城市结构。这样城市学不光是研究一个城市的问题，要研究整个国家的城市问题，整个国家的城市体系，有体系就有结构，这个首先要搞清楚……为什么要这样来研究城市的问题？这就是系统科学的观点，系统就不能够割离开来研究，因为系统组成的部分相互都是有密切关系的，割离开来就不成其为系统。刚才说四级的城市

结构，谁也离不开谁，大城市离了小城市不行，小城市离了上级的大城市也不行，这是一个完整的有机的结构。而在系统科学里面有一条，就是整体并不等于局部的总和，这个原则是很突出的。就是把很多单独的东西加在一起相互作用了，最后的结果并不等于原来这些东西的和，它是有飞跃、有变化的。"①

21世纪初，杭州就提出要按照大中小城市和小城镇协调发展的思路，构筑网络化、组团式、生态型的城市空间发展新格局，重点是做好城市群、都市圈、市域、市区四个层面的文章。一是推进"城市群"建设。杭州按照"规划共绘、交通共联、市场共构、产业共兴、品牌共推、环境共建、社会共享"的总体思路，推出了接轨大上海、融入长三角、打造增长极、提高首位度，建设长三角中心城市目标。通过沪杭、杭甬、杭湖宁三大综合运输通道和沪宁（沪）杭、沿杭州湾、杭湖宁3条发展带，发挥杭州作为区域重要中心城市的作用。二是构建杭州都市经济圈。就是建设以杭州主城区为核心、以杭州市区为重心、以杭州市域网络化大都市为主体，以德清、安吉、海宁、桐乡、绍兴、诸暨为节点，辐射湖州、嘉兴、绍兴3市的杭州都市经济圈，打造长三角"金南翼"，发挥杭州在"都市圈"中的龙头带动作

① 转引自鲍世行主编《钱学森论山水城市》，中国建筑工业出版社，2010，第18页。

用。三是构筑市域网络化大都市。《杭州市域城镇规划》明确了构筑一个以市区为中心、县城为基础、中心镇为节点、高速公路和"黄金水道"为骨架的网络化大都市，走网络化、组团式、生态型的城市化道路。四是建设组团式城市形态。《杭州市城市总体规划（2001～2020年）》明确了"一主三副、双心双轴、六大组团、六条生态带"的组团式空间布局，防止"摊大饼"式的城市扩张，推动城市发展从圈层式形态向组团式形态转变，使城市建设从"西湖时代"向"钱塘江时代"迈进。

二　钱学森论"城市体系与山水城市"

在城市体系中，"山水城市"是城市建设的最高境界、最高目标。

在1996年9月29日致鲍世行的一封信中，钱学森对城市体系做了明确界定，并认为"山水城市"是城市建设的最高境界、最高目标。钱学森认为："国家建设部已于1992年提出创建'园林城市'，几年来已在全国评审命名北京、合肥、珠海、马鞍山等8个园林城市。现在继重庆之后自贡市又提出要建山水园林城市，很自然，重庆市和自贡市是不是要把城市建设再提高一级，从园林城市到山水园林城市？按此情况，似可把城市建设分为四级：一级：一般城市，现存的；二级：园林城市，已有样板；三级：山水园林城市，在设计中；四级：山水城市，在议论中。"① 而在此之前后，钱学森一直关注"山水城市"的研究，在论文及与专家们的通信中，对"山水城市"多有论述。1990年7月31日他致信吴良镛："能不能把中国山水诗词、中国古典园林建筑和中国的山水画融合在一起，创立'山水城市'的概念？人离开自然又返回自然，社会主义的中国，能建造山水城市式的居民区。"② 1992年3月14日他在致吴翼的信中指出："近年来我还有个想法：在社会主义中国有没有可能发扬光大祖国传统园林，把一个现代化城市建成一大座园林？高楼也可以建得错落有致，并在高层用树木点缀，整个城市是'山水城市'。"③ 1992年10月2日他致信顾孟潮："对中国城市，我曾向吴良镛教授建议：要发扬中国园林建筑，特别是皇帝的大规模园林，如颐和园、承德避暑山庄等，把整个城市建成为一座超大型园林。我称之为'山水城市'。人造的山水！"④ 1993年2月在《社会

① 转引自鲍世行主编《钱学森论山水城市》，中国建筑工业出版社，2010，第216页。
② 转引自鲍世行主编《钱学森论山水城市》，中国建筑工业出版社，2010，第43页。
③ 转引自鲍世行主编《钱学森论山水城市》，中国建筑工业出版社，2010，第52页。
④ 转引自鲍世行主编《钱学森论山水城市》，中国建筑工业出版社，2010，第56页。

主义中国应该建山水城市》中，提出"我想既然是社会主义中国的城市，就应该：第一，有中国的文化风格；第二，美；第三，科学地组织市民生活、工作、学习和娱乐，所谓中国的文化风格就是吸收传统中的优秀建筑经验……又结合楼房建筑……"① 1996 年 3 月 15 日他在致李宏林信中他提出："我设想的山水城市是把我国传统园林思想与整个城市结合起来，同整个城市的自然山水条件结合起来。要让每个市民生活在园林之中，而不是要市民去找园林绿地、风景名胜。所以我不用'山水园林城市'，而用'山水城市'。建山水城市就要运用城市科学、建筑学、传统园林建筑的理论和经验，运用高科技（包括生物技术）以及群众的创造，……所以建'山水城市'将是社会主义中国的实际性创造，它不是建造中国过去有钱人的园林，也不是今日国外大资本家的庄园。"② 在 1998 年 7 月 4 日致鲍世行信中提出："我想我们采用'山水园林城市'这个词是合适的，因为重庆和武汉都有自然山水的基础；在此基础上再加入人工建筑整合为'山水园林城市'是可以做到的，这还是比较容易的一步，有了这一步的经验，就可以进而考虑在没有自然山水的地方

---

① 转引自鲍世行主编《钱学森论山水城市》，中国建筑工业出版社，2010，第 22 页。

② 转引自鲍世行主编《钱学森论山水城市》，中国建筑工业出版社，2010，第 167 页。

建人造的'山水城市'了。"① 1998 年 7 月 12 日他致信鲍世行指出："新中国成立后城市发展的第一步是园林城市，如北京市、大连市等。我们现在在计划设计中的是第二步：山水园林城市，如重庆市、武汉市。有了这些经验才能结合 21 世纪新文化，包括大大发展了的国民经济和信息时代的生活特点，并总结第一步园林城市和第二步山水园林城市的经验构筑第三步山水城市（在没有天然山水的地方也要建设山水城市）。"② 在 1998 年 11 月 14 日致鲍世行的信中他认为："城市建设在我国要规范化：分一般城市、园林城市、山水园林城市、山水城市。而且要明确不管什么地方，不依靠自然地理条件，都可以人工地建设这四个等级的城市。现在已有一般城市很多，园林城市也有北京市、大连市等典型；更高一层次的山水园林城市可能是规划建设中的重庆市与武汉市；至于山水城市，那还在讨论中。所以不要随便把'山水城市'加在任何在建的城市上，那是太不严肃的。"③

钱学森曾在 1995 年 5 月 30 日致陈洁行的信中明确提到："鲍世行同志可能向您提起过我近年来宣传'山水城市'概念，

---

① 转引自鲍世行主编《钱学森论山水城市》，中国建筑工业出版社，2010，第 257 页。

② 转引自鲍世行主编《钱学森论山水城市》，中国建筑工业出版社，2010，第 259 页。

③ 转引自鲍世行主编《钱学森论山水城市》，中国建筑工业出版社，2010，第 278 页。

杭州是具备'山水城市'条件的。"① 杭州的确具有得天独厚的山水城市禀赋，把山水城市作为自己的目标定位也是实至名归的。古人设计的杭州就是一座山水城市，虽然建成区只有30平方公里，但其格局是"三面临山一面城，西湖在中央"。西湖申遗成功，主要是因为西湖申报的不是自然遗产而是文化遗产，其中很重要的内容就是"三面临山一面城，西湖在中央"的格局，它是作为西湖文化遗产最主要的特征、最重要的文化价值之所在被提出来，也是被世界上的专家所认可的。这正与钱学森"山水城市就是中国特色的理想城市"的判断完全一致。

进入21世纪以后，杭州在"三面临山一面城，西湖在中央"山水城市格局基础上致力于打造"五水共导"的城市，这与钱学森"山水城市"的思想也是完全吻合的。"五水"即江河湖海溪：江就是钱塘江；河湖是西湖，还有千岛湖、湘湖、青山湖等；海，就是杭州湾，就是钱江潮；溪，是湿地的代名词，就是西溪，西溪湿地。一面是山，一面是余杭塘河，湿地就是沼泽，就是滩涂，原来最多是60平方公里的面积，湿地和西湖就是一堤之隔，占了50平方公里，围垦、造田、建城占了一些，最后剩下了11平方公里，这11平方公里也要卖，也和一些开发商，包括外资企业签了协议，最后被杭州市委市政府叫停，保护

① 钱学森：《论宏观建筑与微观建筑》，杭州出版社，2001，第384页。

下来。这 11 平方公里，也正在努力打造所谓的"山水城市"。

2008 年杭州公布了《杭州市生态带概念规划》。规划了六条生态带，分别是：西北部生态带、西南部生态带、南部生态带、东南部生态带、东部生态带、北部生态带。这六条生态带将涉及杭州市区和上游钱塘江水源保护区，规划范围总面积约 2203 平方公里。其中，杭州市区涉及上城、下城、拱墅、西湖、江干、滨江、萧山、余杭八个城区（含钱塘江水面及其他主要水体）的部分区域，面积约 2149 平方公里；水源保护区涉及富阳市范围内的水源保护区（渔山、里山、灵桥、富阳等镇的临江地区），面积 54 平方公里。根据该规划，杭州市未来将建设六条生态带，除了谋求更好的生态环境之外，建设这六条生态带，还将在"一主三副六组团"之间，形成一种自然生态上的连接和过渡，从而促进构建"山 - 水 - 城 - 林 - 田"的景观安全格局，落实杭州市城市总体规划和生态市建设规划的目标要求。

此外，杭州在城市建设中，始终坚持"让森林走进城市，让城市拥抱森林"和"城在林中，林在城中，人在绿中"的目标。坚持生态优先、师法自然的原则，逐步构建生态林、产业林、景观林"三林共建"的城市森林体系；坚持工程带动、统筹发展的原则，努力打造林网、水网、路网"三网融合"的宜居城市；坚持科技兴林、依法治林的原则，努力实现森林城市建设、保护、利用"三位一体"的良性互动，探索一条"生态经济共赢、人文景观相融、城市乡村互动"的森林城市、山水城市建设的"杭州模式"。

三 钱学森论"宏观建筑与微观建筑"

把城市视为宏观建筑,把一般意义上的建筑视为微观建筑,认为宏观建筑和微观建筑之间有必然的联系。

在1998年5月5日致顾孟潮、鲍世行的信中,钱学森指出:"我近日想到的一个问题是如何把建筑和城市科学统归于我们说的'建筑科学',同时又提高山水城市概念到不只是利用自然地形,依山傍水,而是人造山和水,这才是高级的山水城市。我建议将'城市科学'改称为'宏观建筑'(Macro architecture),而现在通称的'建筑'为'微观建筑'(Micro architecture)。"① 在这段阐述中,钱学森把城市看作宏观建设,把原来意义上的建筑视为狭义、微观的建筑,狭义、微观的建筑大家研究得比较透,对宏观的建筑研究得不够。此外,钱学森也看到了微观建筑和宏观建筑之间有必然的联系,他强调要将微观建筑和宏观建筑,也就是传统的建筑和整座城市结合在一起研究。

就杭州的具体实践而言,推进城市现代化建设,必须坚持宏

---

① 鲍世行主编《钱学森论山水城市》,中国建筑工业出版社,2010,第246页。

观建筑与微观建筑"两轮驱动",通过城市有机更新,实现宏观建筑与微观建筑的协调发展。一是推进"新城"建设。近年来,杭州以城市总体规划为指导,围绕市区"一主三副六组团"格局和市域网络化大都市目标,按照"城市有机更新"模式,坚持以民为本、保护第一、生态优先、文化为要、系统综合、品质至上、集约节约、可持续发展理念,坚持"整治、保护、改造、建设、开发、管理"六位一体,在市域范围内规划建设了钱江新城等 23 座新城。新城规划建设的总目标为"强、大、优、美、高"。"强",就是竞争力强;"大",就是规模大;"优",就是服务优;"美",就是环境美;"高",就是建筑高。杭州就是按照这一目标,努力把 23 座新城打造成"紧凑型城市"发展模式的"样板"。二是推进"城市综合体"建设。城市综合体是指以一种功能为主、多种功能配套的多功能、高效率建筑群落。主要有 4 个特征。第一,超大空间尺度。城市综合体是多功能的聚合体。第二,"通道树型"交通体系。城市综合体必须通过地下层、地下夹层、天桥层等,将建筑群地下地上交通和公共空间贯穿起来,同时与城市街道、停车场、市内交通设施有机联系,形成完善的"通道树型"交通体系。第三,现代城市景观设计。城市综合体必须有丰富的景观与宜人的环境。第四,高科技集成设施。城市综合体必须有现代高科技的交通、通信、安保设施。近年来,杭州按照"新建一批、整合一批、提升一批"的思路,

推进"城市综合体"建设。目前，正在重点推进奥体博览城等
100个城市综合体建设，努力建成一批多功能的旅游城、商贸
城、商务城、金融城、奥体城、博览城、枢纽城、大学城。三是
推进街道有机更新。这里的"街道"指杭州老城区的历史文化
街区、历史地段和有保护价值的老街老巷。近年来，杭州坚持
"保护第一、应保尽保"原则，大力推进街道的有机更新，先后
实施历史街区、历史地段、背街小巷改善、危旧房改造、庭院改
善等工程，有效保护了古城风貌，传承了历史文脉，再现了千年
古都神韵。四是推进历史建筑保护。近年来，杭州坚持"保护
第一、应保尽保"原则，大力推进街道建筑的有机更新，先后
实施文物保护单位保护、历史建筑保护、有价值老房子保护。杭
州在微观建筑方面致力于培养新宋风建筑设计师和设计机构。我
们认为单纯地模仿宋式建筑是没有意义的，必须要在传统的宋式
建筑基础上创新，创新出一种新宋风建设或者新宋式建筑，杭州
现在主打的就是新宋风建筑。我们举办了新宋风建设大奖赛，专
门修复了南宋御街，修建一批新宋风建筑，其中最具代表性的就
是融汇了宋式建筑主要元素和符号的望仙阁。

四　钱学森论"保老城、建新城"

对一座有特色的建筑不应以拆了另建的方法实现现代

化，而是应保护维修外部，同时改造内部功能设施，做到
现代化。

在 1991 年 4 月 27 日致鲍世行的信中，钱学森认为："城市
是变与不变的统一。说变，就是随着科学技术的发展，生产力的
发展，最后是社会的发展，城市一定要成长发展……但一个城市
的功能，如国都、商埠、港口……又是比较稳定的。'城市学'
就是要建立这种功能稳定与迅速发展相统一的理论。这就需要从
整体上看问题，从整体上认识一个城市。有了整体的理论就可以
站得高，看得远，也就可以辩证地解决世界一体化与保持固有特
色的问题。认识到城市是变与不变的统一，那么对一座有特色的
建筑就不是以拆了另建的方法去现代化，而是保护维修外部，同
时改造内部功能设施，做到现代化。"① 在《社会主义中国应该
建山水城市》（1993）一文中，钱学森提到，"有了一个城市建
设的目的，明确了其功能，下面的问题就是对这个城市已有的建
筑要明确哪些是文物，必须保护，并加以科学地维修（而不是
粉饰一新）。总体的规划要有长远眼光，要大胆设想，逐步实
施。在建国初年，梁思成先生对北京就提出一个惊人的设想：以
现在的丰台路、五棵松路为南北轴线，北端定于颐和园，轴线以
东为旧北京，以西建新北京，此议未被采纳，但这种宏图思路是

---

① 鲍世行主编《钱学森论山水城市》，中国建筑工业出版社，2010，第 44 页。

值得倡导的……"①

　　一座没有文化遗产的城市，就是一座没有特色的城市，没有灵魂的城市，就是一座"千城一面"的平庸城市，一座没有吸引力、竞争力、生命力的城市。为此，杭州按照"城市东扩、旅游西进，沿江开发、跨江发展"的大都市发展战略和"保老城、建新城""两疏散、三集中"的工作思路，把保护的重点放在老城区，把建设的重点放在新城区。在老城保护方面，杭州提出了"保护历史文化遗产就是保护生产力"、"保护历史文化遗产的投入是回报率最高的基础性投入"、"保护和发展'鱼'与'熊掌'可以兼得"、"保护历史文化遗产人人有责"和"保护第一、应保尽保"等一系列理念，先后实施了西湖、湘湖、西溪湿地、运河、市区河道、良渚大遗址、南宋皇城大遗址和中山路等综合保护工程。对 229 处市级以上文保单位、239 个市级文保点、60 余处（群）文保单位、70 多处历史建筑和一大批有价值老房子、10 余个历史文化街区和 10 多个文化遗址、50 年历史以上的老房子和 90 项非物质文化遗产进行了全面保护。杭州针对城市历史文化遗产保护已经自觉地运用了定性与定量相结合的方法。比如，提出杭州老城区的 8000 间老房子不能拆，就是建立在定量研究的基础上的。比如，提出要保护好老城区 50 万平

---

① 鲍世行主编《钱学森论山水城市》，中国建筑工业出版社，2010，第 21 页。

方米工业遗产，也是建立在定量研究的基础上的。我们对老城区的工业遗产进行了全面普查，据统计，老厂房的面积达500万平方米以上。数量如此巨大的工业遗产，如果没有定量研究，保护是落不到实处的。虽然杭州老城区今后可以没有工业，但绝不能没有工业符号、工业元素、工业气息。因此，我们高度关注杭氧、杭锅老厂房保护利用项目，邀请了世界一流建筑大师史蒂芬·霍尔、赫尔佐格和德梅隆、大卫·齐普菲尔德进行城市设计和建筑设计，力争打造中国工业遗产保护和利用的样板与典范。

同时，在新城建设方面，杭州按照"城市有机更新"模式，坚持以民为本、保护第一、生态优先、文化为要、系统综合、品质至上、集约节约、可持续发展理念，坚持"整治、保护、改造、建设、开发、管理"六位一体，坚持"强、大、优、美、高"，在市域范围内规划建设了钱江新城等23座新城。钱江新城位于杭州主城区的东南部，距西湖风景区约4.5公里。钱江新城是杭州实施"城市东扩、旅游西进，沿江开发、跨江发展"战略的"桥头堡"，是杭州城市发展从"西湖时代"迈入"钱塘江时代"的重要标志。2001年杭州开始实施钱江新城建设工程，规划面积约21平方公里，其中约4平方公里为核心区，即杭州的中央商务区（CBD）。7年来，钱江新城管委会按照"杭州中央商务区，天堂新地标，现代服务业主平台"要求，坚持"高起点规划、高标准建设、高强度投入、高效能管理"建设方针，先后实施了一系列城市建设工程。先后建成了市民中心、国际会议中心、杭州青少年发展中心、江干文体中心、杭州大剧院、中国棋院杭州分院、市民广场、波浪文化城、城市阳台、沿江景观带、新塘河、江干渠、杭州图书馆新馆、杭州城市规划展览馆、新城隧道、钱江隧道、世纪花园、森林公园等一系列公共建筑设施；还引进了香港华润新鸿基、新加坡凯德置地、绿城和香港九龙仓组合、广州高德等境内外企业集团 40 余家，建设了万象城·悦府、万银国际大厦、迪凯国际中心、圣奥中央商务大厦、华联时代国际广场等 44 个项目，总建筑面积达 500 万平方米，累计社会投资达 350 亿元。2008 年 9 月底，钱江新城核心区正式向市民和中外游客开放。

五　钱学森论"职住平衡、产城融合"

在一个建筑小区（城市）内，住家、中小学校、商店、服务设施、医疗中心、文化场所等日常文明设施都具备，人走路可达，不用坐车。

在《社会主义中国应该建山水城市》（1993）一文中，钱学森提到："如果说现代高度集中的工作和生活要求高楼大厦，那就只有'方盒子'一条出路吗？为什么不能把中国古代园林建筑的手法借鉴过来，让高楼也有台阶，中间布置些高层露天树木花卉? 不要让高楼中人, 向外一望, 只见一片灰黄, 楼群也应参差有致, 其中有楼上绿地园林, 这样一个小区就可以是城市的一级组成, 生活在小区, 工作在小区, 有学校, 有商场, 有饮食店, 有娱乐场所, 日常生活工作都可以步行来往, 又有绿地园林可以休息, 这是把古代帝王所享受的建筑、园林, 让现代中国的居民百姓也享受到。"① 1993 年 10 月 6 日致鲍世行信中提出: "所谓 21 世纪, 那是信息革命的时代了, 由于信息技术、机器人技术以及多媒体技术、灵境技术和遥感技术的发展, 人可以坐在居室通过信息电子网络工作。这样驻地也是工作地, 因此, 城市的组织结构将会大改变: 一家人可以生活、工作、购物, 让孩子上学等都在一座摩天大厦, 不用坐车跑了。在一座座容有上万人的大楼之间, 则建成大片园林, 供人们散步游憩。"② 1994 年 12 月 4 日致鲍世行信中提出: "21 世纪要建成什么样的城市: 城市如实现'山水城市', 则在一个建筑小区内, 住家、中小学校、商店、服务设施、医疗中心、文化场所等日常文明设施都具备, 人走路可达, 不用坐车。由于'高速信息公路'、信息革命, 多数人可以在家通过信息网络上班, 不用奔跑了。建筑小区之间有大片森林花木, 是公园, 居民可以游憩或做运动锻炼身体。人们

---

① 鲍世行主编《钱学森论山水城市》, 中国建筑工业出版社, 2010, 第 22 页。
② 鲍世行主编《钱学森论山水城市》, 中国建筑工业出版社, 2010, 第 75 页。

当然也会远离小区访亲友、游览等，那又有高效的城市公共交通可供使用。再远就用民航、高速铁路、水路船航。所以社会主义中国有可能避开'轿车文明'……"① 1995年10月22日致高介华信中提出："建设山水城市要靠现代科学技术，例如现在正兴起的信息革命就可以大大减少人们的往来活动，坐在家里就能办公，因此有可能在下个世纪解决交通堵塞，空气噪声污染，从而大大改进生态环境。"②

近年来，杭州坚持"职住平衡、产城融合"规划的理念，积极倡导"就近就业、就近上学、就近就医、就近生活"，注重工作与生活的有机统一，产业园区与居住区的有机统一，打破了传统的城市功能区规划布局限制，打造了一批宜居、宜业、宜商、宜学的魅力新城。一方面在原有开发区建设中，推进从"建区"向"造城"的战略性转变。比如杭州的滨江区与高新技术开发区，原本是两个区。高新区始建于1990年，是国务院批准的首批国家级高新区，位于钱塘江北老城区原文教区一带，面积11.44平方公里，是杭州高新区建设发展的发源地，也是高新技术的创新源和中小科技型企业的大孵化器；滨江区于1996年12月由国务院正式批准设立，位于钱塘江南岸，面积73平方公

① 鲍世行主编《钱学森论山水城市》，中国建筑工业出版社，2010，第113页。
② 鲍世行主编《钱学森论山水城市》，中国建筑工业出版社，2010，第133页。

里，下辖 3 个街道，现有 28 个社区、15 个行政村，人口 31.9 万人。2002 年 6 月，杭州市委、市政府决定将高新区、滨江区两区管理体制调整，实行"两块牌子、一套班子"，既按开发区模式运作，又行使地方党委、政府职能，这不仅使高新技术产业有了新的空间，使"沿江开发、跨江发展"有了新的重要平台，而且也实现了"职住平衡、产城融合"。又如在下沙区块，积极推进杭州国家经济技术开发区从产业园区向城区转变。首先是将下沙区块规划定位为"下沙副城"；另一方面，建设开发了众多的居民住宅，在下沙区块配置了高教园区、下沙医院、沿江湿地公园等公建设施，使下沙从一座夜间的"空城"，转变为"新城"。此外，按照"职住平衡、产城融合"理念，推进新城建设。目前杭州正在建设的钱江新城、之江新城、滨江新城、城东新城、大江东新城等十多座沿江新城，均按照生活、生产、生态高度融合的理念，配置医院、学校、图书馆、住宅小区、大型商场和绿地公园，既是杭州的产业基地，又是杭州市民的生活家园，走出一条生产发展、生活富裕、生态良好的文明发展道路。

六 钱学森论"城市绿化"

发展城市立体农业有着特殊的地位，城市绿化可采用屋顶绿化、阳台绿化、墙面垂直绿化、宅旁空间绿化。

在 1984 年 11 月 21 日致《新建筑》编辑部的信中，钱学森提出了有关城市绿化的整套想法："我国大多数城市的建筑用地和铺装路面，约占整个城市用地面积的 2/3 以上，剩下的土地，即使全部用于绿化，也不能从根本上改善城市的环境。特别是上海，问题更突出，人口密，建筑拥挤，工厂林立，环境污染严重，平均每人所占绿色面积极少，在全世界各大城市中倒数第三名，仅占 0.46 平方米，华盛顿是 40.8 平方米，巴黎是 24.7 平方米，伦敦都有 12 平方米，东京是比较少的 1.2 平方米，因此发展城市立体农业有着特殊的地位，城市农业可以种攀岩植物（爬山虎、葡萄、猕猴桃等），依附建筑物生长，基本不占地，也可以发展屋顶农业、阳台农业、种花草、蔬菜和经济作物，更可以利用庭园内空间，如棚架、门厅、栅栏，或者宅旁空地种各种作物，这样就能使城市无处不绿，恢复田园风光……市区的立体农业有以下四个方面：1. 屋顶绿化。……屋顶绿化要解决两大难题，即防治风害和制造培养土——要求轻质、无毒、价廉、来源广、适合农作物生长。今后屋顶绿化要和无土栽培、太阳能、风能的利用结合起来。2. 阳台绿化。由于城市不断发展，高层建筑已越来越多，发展窗前与阳台的垂直农业尤为重要。窗前与阳台绿化，一般采用：（1）窗前设有种植槽，布置悬垂的攀缘植物。（2）植物依附墙面格子架进行环窗绿化。（3）阳台栏栅绿化。（4）阳台上下之间垂直绿化。3. 墙面垂直绿化。墙面布满枝叶稠密的植物后，墙面温度能降低6℃～7℃，空气温度增加10%～12%，噪声减少26%，还有净化空气、美化环境等功效。4.宅旁空间绿化。（1）棚架垂直绿化。（2）门庭垂直绿化。（3）栅栏绿化和建筑物间隔垂直绿化。"

杭州始终坚持"环境立市"战略，以"构筑绿色大都市、建设生态新天堂"为目标，以"洁化、绿化、亮化、序化"为要求，努力打造成全市人民和中外游客公认的"清洁、清静、亲水、绿色、无视觉污染"的"国内最清洁城市"，让杭州的天更蓝、水更清、山更绿、花更艳、老百姓寿命更长，促进人与自然的和谐。具体目标为：（1）清洁。以"没有垃圾、没有痰渍、没有牛皮癣"为目标，健全道路、街巷、社区和农村清扫保洁制度，实行道路分类保洁管理，推动清扫保洁从主要道路和"窗口"地段向背街小巷延伸、从主城区向城郊接合部延伸、向农村延伸，从人工清扫向机械化清扫迈进，从地面保洁向立面、水面保洁拓展，同步推进保洁量的扩张与质的提高，实现城乡环境卫生清扫保洁全覆盖，营造清洁的生活创业环境。（2）清静。治理企业噪声，控制道路交通噪声，降低施工作业噪声，控制社会生活噪声，营造清静的生活创业环境。（3）亲水。加强水环境综合治理，推进滨水地带生态修复和开发建设，实现"水环境改善、水生态良好、水循环正常、水安全保证、水资源充足、水景观优美、水文化丰富"，展示"五水共导"城市特色，营造亲水的生活创业环境。（4）绿色。以生态市建设为载体，既重视大片绿化环境的营造，又关注微小空间的"见缝插绿""包种包活"，将绿色引入城市，将城市融入绿色，形成多样化、高品质的绿化生态系统，让老百姓"开门见绿"，营造绿色的生活创业环境。（5）无视觉污染。实施强弱电杆线"上改下"，提升"亮灯"品位，规范户外广告管理，完善城市标志标识，治理"五乱"现象，遏制违法搭建、倚门设摊、占道经营，营造无视觉污染的生活创业环境。在创建"国家森林城市"的过程中，杭州不断加大城市绿化力度，在增加绿化总量、创造绿化特色、提升绿化品位上取得了新进展。坚持以大项目带动城市绿化。大力实施"绿荫工程"和"绿化美化工程"，不断创新绿化设计理念，探索绿化种植模式，构建乔、灌、花、草相结合的复层式绿地；开展住宅轻质基质屋顶绿化工作，完善城区立交桥立柱的垂直绿化和桥荫绿化，增加绿色浓度和景观效果，展现城市与自然和谐相处的优美景观。同时，依托钱江新城建设、西湖综合保护工程、西溪湿地综合保护工程、运河综合保护工程、城市道路综合整治工程、市区河道综合保护工程等重点项目，以点带面，以线促面，快速推进绿化建设。坚持以长效化落实养护责任。按照"重心下移、属地管理"要求，充分发挥城区、街道（乡镇）和社区作用，变一家管护为多家管护，确保绿化管养纵向到底、横向到边、不留空白、不留死角。同时，实施网络化管理，充分发挥"园林绿化在线抄告系统"和"园林绿化电子评标辅助系统"的网络平台作用，在杭州市绿化管理站的基础上，成立了杭州市园林绿化质量安全监督站，对各区公园、道路（河道）、社区绿地养护管理工作进行监督，通过加大巡查、抄报力度，全面督促、协调解决各类问题，大大提高了问题整改率。坚持市场化提高绿化管养水平。对财政投资的绿化工程建设及绿地养护管理，全部面向社会进行招投标，绿化施工实行监理，方案设计采用多方案比选，真正做到管养分离、管干分离，变"以费养人"为"以费养事"，降低养护成本，提高养护质量，利用有限的绿化资金取得最大的经济利益，切实做到绿地建设一片、养护一片，建成一片、管理一片，实现绿化养护管理的全覆盖。通过实施长效管理，实现第一时间发现问题、第一时间处置问题、第一时间解决问题，推进绿化养护管理由后果导向的反应式管理到原因导向的预防式管理的转变，提高杭州绿化养护管理整体水平。

综上所述，钱学森的城市学思想虽然散见在他的论文与通信中，但他的思想超出了一般的专业限制，运用了先进的系统论与综合集成的方法，探索了人类城市文明发展的规律，提出了一系列极富创意与启发意义的城市学观点，这对建设具有中国特色的、与自然环境结合的高度文明的城市具有深远的影响。而 21 世纪以来，杭州在城市规划、建设、管理、经营等多方面，自觉地运用与践行了钱学森的城市学思想，取得了举世瞩目的成绩，钱学森"山水城市"的理想已在杭州得到了初步的实现。

参考文献

［1］钱学森：《论宏观建筑与微观建筑》，鲍世行、顾孟潮、涂元季编，杭州出版社，2001。

［2］鲍世行主编《钱学森论山水城市》，中国建筑工业出版社，2010。

［3］鲍世行、顾孟潮编著《钱学森建筑科学思想探微》，中国建筑工业出版社，2009。

［4］顾孟潮编《钱学森论建筑科学》，中国建筑工业出版社，2010。

［5］顾吉环、李明、涂元季编《钱学森文集》，国防工业出版社，2012。

新常态下我国智慧城市建设的政策选择

李广乾*

新常态下中国经济社会形势将发生诸多变化，也会相应地对中国智慧城市建设及其管理体制提出新的要求。本文着眼于我国社会发展和智慧城市建设现状，讨论未来若干年与智慧城市建设相关的技术、产业、政策管理问题。

一　相关政策环境的变化

智慧城市建设面临的政策环境，发生了一些重大变化。

第一，经济新常态。对于经济新常态有一个初步的认识过程。最初是增长速度进入换挡期、结构调整面临阵痛期、前期刺激政策消化期，即"三期"叠加。到 2014 年底，中央经济工作

* 李广乾，国务院发展研究中心技术经济部研究员。

会议对于新常态做出权威阐述，从以下九个方面进行了系统的定义：消费需求、投资需求、出口和国际收支、生产能力和产业组织方式、生产要素相对优势、市场竞争特点、资源环境约束、经济风险积累和化解、资源配置模式和宏观调控方式。

财政收入也是其中一部分。就智慧城市建设而言，多数要由政府出资，无论是政府单独出资，还是采用市场化的方式。目前，我国财政收入转为中低速增长：数据显示，2015 年 1~2 月，全国一般公共预算收入25717 亿元，比上年同期增长3.2%，远远低于2014 年同期的7.1%。因此，智慧城市建设的融资方式将成为重要的制约。

在这种情况下，财政部门出台了关于 PPP 的操作细则，以便指导各个地方采用 PPP 的方式开展公共服务类项目的建设。PPP 简单地讲就是公私合营。过去公共类建设，纯粹由政府买单，但是从 20 世纪 80 年代开始，特别是英国撒切尔夫人推行公共革命，大量引入了私营企业参与公共事业，引发新的变化。当前的经济新常态，以及财政收入的变化，也要求政府公共服务建设的融资方式发生变化。这方面，未来智慧城市项目都是需要考虑进去的。

第二，区域协调发展格局发生了重大的变化。习近平总书记上任之后，这一两年围绕着国内区域结构调整，区域发展战略发生重大的变化。以往谈到中国区域经济发展都是讲四个方面：东部经济发达地区，中部塌陷或者中部沦陷，西部是经济相对比较落后，但资源丰富的地区，然后是东北地区。在原始工业化时期，东北三省承担了工业发展的重任。改革开放以来，东北地区的经济一直处于低迷状态，这对整个国家经济发展的格局都有着重要的影响。

近期，国家对区域经济发展战略进行重新布局，2013年的中央经济工作会议提出了新的四大发展战略——京津冀一体化、长江经济带、"一带一路"、珠江—西江经济带。这与以往的思路是完全不同的。以往从西往东分片，片与片之间差距很大，而且还在日益拉大。但是，在新的发展区域里面，以长江经济带为例，其中包括东中西部城市，也注重发展沿江纵深地带。所以新的发展战略与以往存在很大的差异，特别是"一带一路"成为新时期改革开放的一个新的着力点。这其中体现的区域协调发展战略格局，令人耳目一新。

在新的战略格局中，城市群将发挥重要作用。当前国内快速发展的城市化区域，分为五个主群：环渤海、长三角、珠三角、长江中游和成渝城市群。近期，国务院出台了关于长江中游城市群发展的指导意见，对江西、湖南、湖北城市之间的关系做出重要部署。

第三，信息化建设在发生重大的变化，体现为五个方面。

其一，新一代信息技术应用日益主导信息化发展方向。物联网、云计算、移动互联、大数据等成为信息基础设施建设及信息化应用的重点，移动化成为信息化建设的重要阵地。

其二，信息化发展动力由外生向内生转变。电子政务对信息化的拉动作用开始减弱，电子商务成为信息化发展的主要内容。所谓外生，就是以往向地方政府或行业企业推广信息化艰难，有的需要压任务，设指标，给奖励。2008 年之后，形势发生重大变化，特别是电子商务成为社会发展的重要亮点之后，社会对信息化已经不再陌生，更不再排斥，甚至将信息化看作企业、单位生存的重要工具和手段，因此，信息化发展的驱动力量已经由外生向内生转变。

其三，平台经济成为信息化发展的基本方向。无论是以前的计算机操作系统、文字处理系统还是近年来的电子商务网站、移动社交社区，统一共享成为平台竞争的终极结果。

其四，信息化管理体系发生变化。2014 年，建立了中央网信领导小组及其办公室领导下的统一协调高效的信息化管理体制，当前智慧城市、信息惠民、先进制造业等信息化工作各自为政、缺乏统筹，应该得到改善。

其五，"工业 4.0""中国制造 2025"等成为未来信息化发展的重点。"互联网＋"作为中国经济转型升级的重要举措，受到全社会关注；互联网思维成为信息化的基本理念。

二 智慧城市建设的基本要求

新的形势对智慧城市建设提出了基本的要求，可以总结为"五化"。

其一是基础设施建设规模化。移动、宽带、智能是基于新一代信息技术发展的基本要求，也是智慧城市建设需要坚持的方向和原则。要坚持"云"的思维，避免根据项目、部门、小规模建制区域进行规划建设，同时综合运用物联网、云计算、大数据等新一代信息技术改进智慧城市建设基础条件，适应移动智能化发展趋势，构建区域型大型（城市群）信息基础设施，实现互联互通。

其二是业务标准化和平台化。智慧城市一定要克服地方的传统部门或区域建制的思维模式。从2001年开始，笔者参与了很多信息化相关文件的起草，也走访了很多地方进行调研。整体感觉是，在信息化方面存在很大的浪费，例如，很多地方政府发展电子商务，投入资金、人力，建设相关的网站，但最终在与阿里、京东的竞争中，逐渐销声匿迹。未来，开展智慧城市项目建设时，一定要注意不要违背信息化发展的基本规律和要求，不能只按照自己的固有思维强行推行。

其三是大数据化。涉及对基础数据的认识，电子政务的四大基础数据库无论是对大数据还是对信息资源开发利用，都是至关重要的。大数据建设要与已建立的数据资源连接起来，根据当前的结构化数据，包括一些开源系统的需求，实现数据资源的标准化。同时，为促进资源的有效配置，加强相关制度建设。

其四是融资社会化。中国经济步入新常态，财政一般预算收入增速降低了一半，使智慧城市建设要明确业务类型，区分政务类、公益类与市场类业务项目，制定相应的建设管理运维规范。在统一规划的前提下，积极引导社会资金进行 PPP 建设模式的探索。智慧城市建设的性质与桥梁、道路等基础设施建设不同，因此在运用 PPP 模式时，不能简单套用。智慧城市项目建设的重点是运维和运营，让其发挥长效作用。因此，PPP 模式需要重点考虑这一因素，制定相应的法律条款，规范运营的交付方式。

其五是产业发展同步化。智慧城市建设要与制造业信息化、"互联网＋"等战略行动计划相协调、相促进，同时，与解决地区经济发展和社会就业目标挂钩，实现人的城镇化与产业发展的统一。在产业发展中，充分发挥电子商务在促进信息化建设与产业发展方面的双重功能。

三　智慧城市建设的政策选择

当前我国智慧城市建设不仅受新一代信息技术本身的驱使，

更受我国新型城镇化发展的内在需求所迫。为此,必须将智慧城市建设作为新时期我国信息化发展战略的具体抓手,不仅要强调信息化与工业化的深度融合,也要同时强调信息化(智慧城市建设)与新型城镇化的深度融合,并在此基础上加强智慧城市的顶层设计,规范当前智慧城市建设所出现的混乱局面。智慧城市建设应纳入区域发展的总体安排,基于五大城市群来加强省级政府的交流,统筹整个区域的智慧城市建设。

智慧城市建设与产业发展也有着重要的关系。从历史发展讲,城镇化与工业革命密切相关,第一次工业革命成就了英国、德国、美国等少数欧美国家的城镇化,而第二次工业革命则成就了主要发达国家和部分发展中国家的城镇化。以新一代信息技术为主要内容的第三次工业革命为我国城镇化提供了至关重要的历史机遇,毫无疑问,第三次工业革命将成就我国的城镇化。

智慧城市建设将成为融合城镇化、信息化、工业化发展战略的重要载体。作为新型城镇化发展的重要内容,智慧城市建设应该成为支撑国内新一代信息技术产业发展的重要内需市场。但从政策层面来看,智慧城市建设尚未与我国的新一代信息技术产业发展实现有效衔接。为此,智慧城市规划建设应该与各地先进制造业规划("中国制造2025")、"互联网+"行动计划加强统筹,从政府采购、财政、税收、金融等方面给予更有力的政策支持,通过智慧城市建设促进产业结构转型升级。

融资方式是目前智慧城市建设相关政策制定需要破解的另一个重要课题。如果能正确认识智慧城市的作用、内容，创新投融资方式，智慧城市建设不仅不会成为地方的沉重压力，反而可以成为促进地方经济社会发展和转型升级的强劲动力。在政策倾斜中，尤其要重视发挥云计算的作用。基于城市群大范围地建设云数据中心，节能高效，而且能与信息产业发展的最新成果同步，让地方享受到新技术更新换代的成果。

从全国统筹的角度看，智慧城市建设涉及面非常广泛，包括信息通信产业管理、城市交通、医疗卫生、教育、社区管理服务等诸多领域，而且也与当前的新型城镇化密切相关，因而必须建立一个综合统筹机制去协调推进。在当前的情况下，可以考虑发挥中央网络安全与信息化领导小组及其办公室的作用，综合新型城镇化建设管理功能，通过领导小组主导智慧城市建设规划实施，定期或不定期地就相关问题举行跨部门协调会议，解决技术标准化、产业发展、项目建设、业务协同与资源共享问题。

点评六

孙　毅[*]

　　非常感谢四位专家的精彩演讲。刚才四位专家的演讲使我们了解到智慧城市的概念、内容，学习到城市建设，尤其是山水城市建设的理念，学习到电子商务对智慧城市发展所起到的关键性的作用。我来自江西省南昌市青云谱区，是一个基层的干部，对于智慧城市的建设，我们现在在探索、在实践。今天来学习，希望能够把学到的观点、理念运用到我们的工作实践当中。

　　从刚才几位专家的演讲中，我了解到智慧城市应该是运用先进的信息技术，为实现城市的智慧管理和运行，实现城市的和谐和可持续发展的一种重要方式，是加强城市管理，改善"城市病"，提高政府工作效率，提高政府服务水平，同时也是创新社

---

　　* 孙毅，江苏无锡人，中共南昌市青云谱区委副书记、南昌市青云谱区人民政府区长。

会管理的一个重要手段，也是产业转型升级的一个重要手段。今天的学习使我学有所获，所以这里提一些不成熟的意见或者不成熟的建议，我做了一下整理，一是出台鼓励政策；二是制定科学标准；三是加强舆论宣传；四是带动产业发展；五是强调部门协同；六是引入社会资本；七是着重以人为本，研究城市的可持续发展。

智慧城市有很多内容，有智慧城管、智慧环保、智慧教育、智慧卫生、智慧社区等，作为一个中部城市，我们建设智慧城市从哪里着手，能够比较快地把城市建设好，这是我考虑的第一个问题。第二个问题，刚才我也提到了引入社会资本，智慧城市需要有民间资本的介入，那么怎么样利用自身的机制体制，利用创新管理把社会资本更好地引入智慧城市的建设过程当中，值得我们思考。

点评七

裴相斌[*]

首先感谢中国社会科学院城环所邀请我参加这个会议。谈到智慧城市，今天学到很多内容，谈几点认识。对于智慧城市的目标展望：一是支持管理，包括市政管理，为政府决策服务；二是管理公共基础设施，为公众提供服务。

而对于实现这些目标，有这么几个建议。首先，像国外那样做智慧开发，把资源环境集成在一起，符合科学承载能力的开发方案。这需要大量的技术，尤其是大数据分析，通过数据分析找出规律，然后才能为决策提供支持。我听过一个实例，英国的一位飞行员，退休以后研究出一个模型。之前他每次飞行到巴黎总是剩油，耗油量跟气候条件有关。此后他就根据气象条件测算每次飞机应装多少油，以最少的油耗，既节省油耗又提高效率，这

* 裴相斌，理学博士，环保部污控司高级工程师。

是数据分析带来减排的一个例子。其次，让信息化促进公众参与。在美国，大部分信息都在互联网上公开，老百姓自主去监督是不是有企业违法，群众很自然地参与监督过程。智慧城市是利用信息化手段进行管理，并通过信息化带来多样化的创新，这就是一个非常好的智慧模式。

点评八

张国力[*]

  各位领导、各位专家大家好，我是来自中国华录集团的张国力，作为企业来说，在整个智慧城市建设过程当中是先行者，专家们是从理论的角度进行研究，我们是从实践的角度进行探索。在实际探索的过程中确实遇到了专家们提到的众多问题，比如说城市建设问题、资金问题，我们现在已经在全国做了20个智慧城市试点，包括省一级的省会城市，像太原，也包括县市一级的城市，如曲阜，在建设过程中的已经有五六个了，我想把我们建设的成功经验跟大家分享一下。

  第一，经济下行压力比较大，2015年GDP的增长初步定在7%。以前传统的"三驾马车"，目前来看不太起作用，而新的"三驾马车"在智慧城市的新背景下出现了，即工业化、信息化

  * 张国力，中国华录公司产品与解决方案中心总经理。

和城镇化。在整个城市发展过程中，从传统的发展型城市向经济型城市转型，我们企业的定位也从以前的所谓建设城市向经营城市靠拢，作为一个央企，帮助市政府，帮助市长经营这个城市，突出服务化的概念，同时通过智慧城市的建设也能够倒逼政府改善自己的行政效率。

第二，智慧城市不仅仅是技术问题，更多的是一个经济问题甚至是一个政治问题，因为现在谈智慧城市不仅是花钱，还要赚钱。一是民生，一是GDP，两手都要抓，否则会出现影响社会稳定的问题。现在对于智慧城市的理解并不统一，所以我觉得有必要提出一个想法，一城一策。城市的发展在建设过程中应该有不同的想法和做法，比如像曲阜这样的城市不能和鄂尔多斯比较，杭州这种南方城市也不能和北方的一些城市比较。在建设过程中一定要有自己的特色，这是建设智慧城市的过程中非常重要的一个层面。

建设智慧城市最重要的是大数据的运行，政府在这个过程中一定要开放自己的数据，否则智慧城市就是空谈，企业如何代表政府安全有效进行运营也是一个问题。

中国社会科学院城市信息集成与动态模拟实验室简介

一 建设背景

《国家中长期科学和技术发展规划战略研究（2006—2020）》中，专门设立"城市发展与城镇化科技问题研究"专题，提出了未来15年城市发展与城镇化科技发展目标：建立城镇化预测监控信息系统，为人口集聚、经济社会发展与城镇化进程协调发展提供技术保障；研究城镇发展的资源合理利用、环境污染治理、改善交通状况、居住环境和防灾减灾的关键技术，建设可持续发展的现代化城镇；促进城镇建设相关产业走新型工业化发展道路，为城镇建设提供产业支撑，最大限度地吸纳农村富余劳动力。国家"十二五"规划和党的十八大又提出了哲学社会科学创新体系建设的新任务，明确指出要建立若干社会科学国家重点实验室，并指出大力推进国家电子政务建设，完善地理、人口、法人、金融、税收、统计等基础信息资源体系，强化信息资源的整合，规范采集和发布，加强社会化综合开发利用。党的十八届五中全会又提出"实施国家大数据战略""在重大创新领域组建一批国家实验室"的发展目标，这为城市大数据分析与城市动态模拟提出了新的要求，也为中国社会科学院城市信息集成与动态模拟实验室（简称城市实验室）的发展与我国智慧城市建设提供了广阔的发展空间。

城市模拟研究是典型的交叉学科，需要城市经济学、数据挖掘、软件工程、地理信息系统等不同领域的研究者共同协作。高水平的科研人才是城市实验室发展的基石，尤其在涉及智慧城市建设的具体项目中，往往需要依靠政府、科研机构、行业协会和企业的多主体通力合作。在这一过程中，城市实验室需要对城市信息的系统采集、平台搭建、数据挖掘、模型构建等方面进行深入研发，同时也需要与社会各界一起将研究成果应用于智慧城市建设之中。

二　发展历程

早在 2004 年，以刘治彦研究员为首席专家的研究团队，承担了中国社会科学院重点项目"城市经济数据库构建与应用"，开展了城市发展模拟研究。研究成果先后在第 20 届国际科学数据大会（CODATA）、2006 年两岸三院（中国科学院、中国社会科学院、台湾"中央研究院"）科学数据大会上发布。在此基础上于 2010 年成立了中国社会科学院城市信息集成与动态模拟实验室。2011 年被列为中国社会科学院首批 18 个重点资助的实验室，并招收了首批博士后入站开展科研工作。2013年 10 月，城市实验室专家委员会正式成立，时任中国社会科学院李扬副院长亲任专家委员会主任，一大批顶尖的城市经济学者、统计学者、政策模拟学者、信息技术学者受聘为委员，极大地提升了城市实验室的知名度，更为实验室的发展提供了雄厚的学术支持和广阔的渠道资源，推动实验室向更高水平迈进。

多年来，城市实验室先后完成"城市数据库框架建设"（中国社科院）、"北京城市增长模拟"（国家发改委）、"中国新型城镇化战略规划"（亚行、国家发改委）、"国家'十三五'空间格局优化与对策"（国家发改委）等重大课题，2013 年和2014 年连续两年举办"智慧城市建设高层论坛"，出版了两部论坛文集，发表了数十篇论文与要报，为国家新型城镇化规划、京津冀协同发展规划、国家发展空间格局优化等提供了有力支撑。研究成果先后获得国家发改委优秀科研成果二等奖（2013）以及张高丽副总理的批示（2014）。

三　发展目标

城市实验室拟充分利用新一代信息技术对城市复杂系统的信息进行采集、整理、分析，运用数据库、地理信息系统、移动互联网和大数据分析等新兴技术，对城市经济、社会与空间信息进行有机整合，将统计数据与空间数据结合起来，对城市系统运行进行定量模拟与监测，为智慧城市建设提供技术支撑。

力争5～8年初步形成有影响力的城市模拟实验室，8～10年建成我国城市监测与模拟领域的顶尖实验室。

四　对外合作

当前国外建立的城市模拟实验室主要有：美国华盛顿大学城市模拟实验室、英国牛津大学城市实验室、澳大利亚悉尼大学城市实验室等。国内方面，中国科学院与北京大学也建立了相关实验室。

中国社会科学院城市信息集成与动态模拟实验室积极参加国内外高层次学术研讨会。与美国、澳大利亚等国家相关机构和国内代表型城市开展了广泛合作，积极探索建立联合开放实验室。充分利用实验室平台吸引著名专家、学者来实验室讲学和进行合作研究。同时，探索体制机制创新，建立联合实验室，搭建实验室应用平台，建立产学研政相结合的智慧城市建设研究基地。

五　顾问专家委员会

顾问专家委员会是城市模拟实验室的最高学术指导机构，于 2013 年 10 月正式成立，现任专家委员会主任为中国社会科学院原副院长李扬，副主任为中国社会科学院城环所所长潘家华，秘书长由中国社会科学院城环所刘治彦研究员担任。此外，学术委员会还吸纳了众多国内著名学者，其研究领域涉及城市经济、城市规划、统计学、交通物流、国土资源、地理信息系统、大数据分析、政策模拟等众多领域。

表 1　中国社科院城市信息集成与动态模拟实验室专家委员会名单

委　员	单　　位	职　　务
李　扬	中国社会科学院	原副院长、学部委员
李京文	中国工程院、中国社会科学院	院士、学部委员
牛文元	中国科学院、第三世界科学院	国务院参事、院士
潘家华	中国社会科学院城市发展与环境研究所	所长
李春华	中国社会科学院城市发展与环境研究所	党委书记
魏后凯	中国社会科学院农村发展研究所	所长
刘治彦	中国社会科学院城市发展与环境研究所	党委委员/研究室主任
李善同	国务院发展研究中心发展战略部	原部长、研究员
陈宣庆	国家发改委国家地理空间信息办公室	司长、研究员

续表

委　员	单　　位	职　　务
汪子章	国家开发银行	行务委员、专家委常务副主任
陈　维	移动通信研究院首席科学家	首席科学家
黄朗辉	国家统计局城调队	原队长、高级统计师
戴定一	中国物流技术协会	董事长、研究员
何　涛	中国社科院调查与数据中心	主任
李　迅	住建部中国城市规划设计研究院	副院长、教授级规划师
李晓波	国土部信息中心	副主任、教授
魏紫川	新华社新华网	副总裁
陈阳波	人民日报社人民论坛	副主编
王　铮	中国科学院科技政策与管理科学研究所	研究员
梁　军	中国科学院北京超图股份公司	副总裁
李国庆	中国科学院遥感与数字地球所	主任、研究员
党安荣	清华大学城市规划研究所	教授
裴相斌	环境保护部污控司	高级工程师
李广乾	国务院发展研究中心	高级工程师
杨小唤	中科院资源环境信息系统国家重点实验室	研究员

图书在版编目（CIP）数据

智慧城市论坛 . No.2 / 李扬等主编 . —北京 : 社会科学文献
出版社，2015.11
　ISBN 978 - 7 - 5097 - 8319 - 1

　Ⅰ. ①智… 　Ⅱ. ①李… 　Ⅲ. ①现代化城市 - 城市建设 -
研究 　Ⅳ. ①C912.81

中国版本图书馆 CIP 数据核字（2015）第 261649 号

智慧城市论坛 No.2

主　　编 / 李　扬　潘家华　魏后凯　刘治彦

出 版 人 / 谢寿光
项目统筹 / 周　丽　高　雁
责任编辑 / 高　雁

出　　版 / 社会科学文献出版社·经济与管理出版分社　(010)59367226
　　　　　　地址：北京市北三环中路甲 29 号院华龙大厦　邮编：100029
　　　　　　网址：www.ssap.com.cn
发　　行 / 市场营销中心（010）59367081　59367090
　　　　　　读者服务中心（010）59367028
印　　装 / 三河市尚艺印装有限公司

规　　格 / 开 本：787mm × 1092mm　1/16
　　　　　　印 张：14.5　字 数：142 千字
版　　次 / 2015 年 11 月第 1 版　2015 年 11 月第 1 次印刷
书　　号 / ISBN 978 - 7 - 5097 - 8319 - 1
定　　价 / 69.00 元